ノーサイドに乾杯！

ラグビーのチカラを信じて

MATSUSE Manabu
松瀬 学

論　創　社

RWC2015 大会、2019 大会が同時決定、
共に喜ぶ眞下昇氏（右）とイングランド協会のマーティン・トーマス・チェアマン
（写真提供：眞下氏）

フィジーに快勝し、リーチ マイケル主将（20 番）を中心に円陣を組む日本代表選手。
チームスローガンが「ONE TEAM」（2019 年 7 月 27 日・釜石鵜住居復興スタジアム）
（撮影：齋藤龍太郎）

日本代表―フィジー代表（2019 年 7 月 27 日・釜石）を観戦する
日本ラグビー協会の森重隆会長（左から）、清宮克幸副会長、森喜朗元総理、
RWC2019 組織委員会の御手洗冨士夫会長、嶋津昭事務総長
（撮影：齋藤龍太郎）

自然との融合をうたう釜石鵜住居復興スタジアム。
津波に流された鵜住居小学校、釜石東中学校の跡地に建つ
（撮影：齋藤龍太郎）

ノーサイドに
乾杯！ラグビーのチカラを信じて

目次

第二章 日本代表の挑戦

第三章 RWCと被災地復興

序章

ラグビーの
ワールドカップがやってきた

東北のちいさな街がラグビーで沸いた。

夏の潮風にはためくカラフルな大漁旗。さざ波のごとく流れる歓声。オレンジ色のはまゆり。群青色の海。台風の関東接近も、釜石の空は晴れ渡っていた。光る白い雲と澄んだ青空。

２０１９年7月27日の土曜日。正午過ぎ、気温は33度を超えた。岩手県釜石市の釜石鵜住居《うのすまい》復興スタジアムで、日本代表が強豪のフィジー代表と対戦した。試合前、ラグビーワールドカップ日本大会招致の立役者、元内閣総理大臣の森喜朗《もりよしろう》さん（元日本ラグビーフットボール協会会長、東京オリンピック・パラリンピック組織委員会会長）がメインスタンドにやってきた。

大会本番は目前。ワールドカップ釜石開催に尽力された82歳は好々爺のごとき、やわらかい表情を浮かべ、まぶしそうに緑のグランドを見つめた。東日本大震災の復興のシンボルとなるスタジアムでの初のテストマッチ（国別代表戦）。感想を聞けば、さらに相好を崩し、「よかったなあ」としみじみと漏らした。

「そう、よかったなあという感じだよ。（震災による津波の影響で）何もなくなったところに来た時、ほんとうにここで（ワールドカップを）やるのかなって思ったものだ」

午後2時50分、試合が始まった。赤白ジャージの日本代表の勇者たちは、黒色ジャージの南太平洋諸島のアイランダーにフィジカル勝負を挑み、34―21で快勝してみせた。激しいぶつかり合いに両チームの選手が芝の上に何度も倒れた。

両チームの選手たちはベストを尽くした。からだを張った。試合後、あたたかいファンの声援の中、両者のジャージは入り乱れ、互いに握手をし、胸を合わせ、健闘を讃え合っていた。これぞ、ラグビーの美徳だろう。

大漁旗が揺れる釜石鵜住居復興スタジアム

——ラグビーには「ノーサイド」という言葉がある。ベストを尽くし戦い終えた瞬間、敵味方の区別がなくなり、ひとつの人間愛に包まれてゆく。それがもっとも崇高なラグビーの精神。

2019年4月某日。神奈川・葉山マリーナそばにある海沿いの白色の地中海風レストラン。2015年のラグビーワールドカップで活躍した五郎丸《ごろうまる》歩《あゆむ》選手がこんなことを言っていた。日本代表はその大会の初戦で優勝候補の南アフリカに劇的な逆転勝利を収めた。日本の選手たちはピッチで跳びはねて喜んだ。

「実は非常に反省した部分があったんです」と、五郎丸選手は4年前の出来事を思い出した。

「南アフリカの選手はすごく悔しかったと思います。でも、彼らは笑顔で、僕らの勝利を讃えてくれたんです。僕らは試合に勝ったかもしれないけど、スポーツという観点でいえば、南アフリカに負けてしまったのかなって思うんです」

勝負の結果、ふたつのチームの人間の愛情とリスペクトによって、得もいわれぬ感動の極致につつまれて終わる。それがスポーツの醍醐味であり、スポーツのチカラなのである。

ラグビーはいい。そのラグビーの世界一を決めるワールドカップが日本で開催される。これって、オリンピック、サッカーのワールドカップと並ぶ、「世界三大スポーツイベント」のひとつなのだ。世界で延べ約42億人がテレビ観戦するビッグ・イベントなのである。

幸運にも、ラグビーワールドカップは１９８７年の第１回大会（ニュージーランド・豪州）から２０１５年の第８回大会（イングランド）まですべて、夏季オリンピック大会では１９８８年のソウル五輪から２０１６年リオデジャネイロ五輪まですべて、サッカーワールドカップは２００２年日韓大会を現場で取材してきた。この３つのうち、ラグビーワールドカップが一番、オモシロいと思っている。その大会がアジアで初めて、ここ日本で開かれる。自分のつぶれた耳（俗称：ギョウザ耳）をぎゅっと引っ張ってみる。夢じゃないよね、これって。

ワン・フォア・オール精神

まず、ラグビーってどんなスポーツなのだろう。40年ほど前、こんなことがあった。九州は福岡の修猷館高校に入学した時だった。僕ら新入生はバカでかい体育館に集められた。運動部の入部勧誘説明会だった。

おっさんみたいな3年生のラグビー部員が壇上で焦げ茶色の皮の楕円球を右手で持ち上げた。

「これ、何のボールか知っとうや?」

このボールは人生たい。このボールは青春を豊かにしてくれる。人生同様、右に左に転んでいく。楕円球を通じ、友だちの輪が広がっていく。たしか、そんなことをのたまったあと、ラグビー部の先輩はこう、おごそかに言葉を発したのだ。

「ノーサイドたい。ラグビーは、人と人の垣根をとっぱらうったい。楽しかぜぇ」

だまされた。ラグビー部に入ったのが運の尽きだった。あまい高校ライフとは決別し、修行僧のごとき青春をおくった。砂場のような校庭でビフテキ(重度の擦り傷)をつくり、早稲田大学では星空を見ながらグラウンド周りをぐるぐる回った。たしか「人工衛星」と呼んでいた。つらかったけれど、確かに友だちはヤマほどできた。世界が広がった。

ラグビーボールは、サッカーボールと違って、楕円球だ。大昔、ブタのぼうこうに皮を巻いてボールにしていたそうだ。ポンと蹴ると、どこに転ぶかわからない。だから、オモシロい。でも、実は練習の量で転がりは大方、予想できるようになるのだが。

ラグビーは自由だ。サッカーと違い、手でボールを持って、どこに走ってもOKなのだ。基本は4つ。「ラン」「コンタクト」「キック」「パス」。これを自由に選択できる。

大事なルールはボールを前に投げてはいけないこと、ボールを前に落としてはいけないことだ。だから、チームで大事に大事にボールをつないでいかないといけない。パスでは、生卵を手渡しするように大切につないでいく。心をつなぐ。ひとりでも欠けると、ボールはうまくつながらない。だから、ラグビーには仲間はずれ、おちこぼれ選手はいない。みんなでボールをつないで得点する。仲間を信じ、大事にするチームスポーツなのだ。

からだの小さい選手も大きな選手も、でぶちゃんものっぽさんも、いろんな体型の選手が適材適所で活躍できる。そんなチームスポーツ、「ワン・フォア・オール、オール・フォア・ワン」なのだ。

ディフェンスでの武器はタックルだ。ラグビーの魂なのだ。ぶつかって相手をバシッと仰向けに倒す。勇気と体力と技術が求められる。危なくないかって？　そりゃ練習しないと危ないが、ちゃんとからだを鍛えておけば大丈夫だ。

ランニングプレーは驚きの連続、スピード感にあふれている。が、試合のポイントは、なによりコンタクトプレーだろう。スクラムとブレイクダウン。８人でかたまりとなって組むスクラム、タックルしたあとのボール争奪戦、ごちゃごちゃとなるブレイクダウンの優劣をみれば、チームの強弱がわかる。

幾多の故人の夢を乗せて

スポーツは歴史である。歴史をたどれば、ラグビーのワールドカップ日本開催を夢見ていた、何人かの故人を思い出す。

例えば、2003年11月、イラクで凶弾に倒れた外交官の奥克彦《おくかつひこ》さん（享年45）。早大ラグビー部の憧れの先輩だった。秩父宮ラグビー場そばの古い居酒屋で人生を教えてもらったことがある。

その奥克彦さんがラグビーワールドカップの日本開催を口にし、早大ラグビー部の先輩にあたる総理大臣（当時）森喜朗さんに日本招致を熱く訴えたのだ。情熱は人を動かす。その思いは紆余曲折を経て、日本ラグビー協会会長（当時）の町井徹郎《まちいてつお》さん（2004年没、享年69）を動かし、会長を継いだ森さん自身が招致活動の先頭に立つことになった。これも運命である。

日本ラグビー界は2005年、ラグビーワールドカップ2011年大会の招致に失敗する。日本など新興国の理事の1票に対し、伝統国には2人の理事がいて2票を持つという理不尽な理事会の投票方式に屈した。オリンピックを主催する国際オリンピック委員会（IOC）や国際サッカー連盟（FIFA）とは違うのだった。

国際ラグビー評議会（International Rugby Board：IRB、2014年よりワールドラグビー＝WR）のシド・ミラー会長（当時）に対し、森さんはこう、抗議したそうだ。「ラグビーのオモシロさはボールを展開することではないか。日本にもボールを回してくれ」と。

日本ラグビーはワールドカップ招致に再チャレンジする。経験は宝である。招致失敗を糧とし、理事たちとの信頼関係が強まり、いわゆる〝ロビー活動〟も戦略的になる。２０１６年東京オリンピック・パラリンピック招致活動もプラスに作用した。

ここで妙案が生まれた。ワールドカップの２０１５年大会と２０１９年大会を一緒に決めようというアイデアである。日本の単独開催案だけでは、どうしても理事たちが日本の観客動員や収支に不安を抱き、ラグビー伝統国・協会に勝つのは難しい。そこでラグビーの母国、イングランドとタッグを組んでの「ウルトラC」のセット開催案だった。日本は総力をかけて運動し、２００９年７月28日、ついに２０１９年大会の招致に成功した。

たしかに日本でのワールドカップ開催を危ぶむ声は世界の一部にくすぶり続けた。だが２０１５年のワールドカップ大会で日本が南アフリカに番狂わせを演じるなど大活躍し、国際ラグビー界の嫌な空気を一掃してくれた。

訃報が続く。〝ミスター・ラグビー〟といわれたワールドカップ２０１９組織委員会の事務総長特別補佐だった平尾誠二《ひらおせいじ》さん（享年53）は２０１６年10月、病気で天国のフィールドに召された。

平尾さんは生前、僕にこう、語ったことがある。

「この大会は、新しいラグビー文化の構築につながっていく。もしかしたら、最後のもっとも大きなチャンスかもしれない。これをビッグステップと思って、さらなる発展につなげていくための大会にしないといけない」

ラグビーが大好きだった釜石市の佐藤蓮晟《れんせい》くんも２０１７年２月、天国に旅立った。まだ13歳だった。目を閉じれば、地元でのワールドカップを楽しみにしていた少年の笑顔がよみがえる。

彼はこう、僕に言った。

「おれは、いろんな人とラグビーを楽しみたい。おじさん、ワールドカップでもっと、日本のラグビーを盛り上げてよ」

日本代表の挑戦

さあ、ワールドカップだ。２０１５年の大会で、日本代表は優勝候補の南アフリカ相手に番狂わせを演じた。あの〝お祈りポーズ〟の五郎丸歩選手がヒーローとなった。３勝１敗。でも、目標だったベスト８に進出することはできなかった。

２０１９年大会に向けた日本代表のヘッドコーチは、元ニュージーランド代表で元日本代表だったジェイミー・ジョセフという気のいいおじさんだ。ニュージーランド出身のリーチ・マイケル主将は「大会のターゲットはベスト８以上」と明言している。

そうだ。ラグビーのワールドカップの出場規定には国籍条項はない。ある一定の条件を満たせば、外国籍の選手も日本代表として出場できる。日本代表は前回の２０１５年大会で31人中10人が外国出身の選手だった。ダイバーシティ（多様性）がラグビーの魅力のひとつでもある。

五郎丸選手はもう、日本代表には入っていない。代わって、天賦の才を授かった南アフリカ出身の松島幸太朗《まつしまこうたろう》（サントリー）、スピードのある福岡堅樹《ふくおかけんき》（パナソニック）、強靭な足腰を持つ姫野和樹《ひめのかずき》

（トヨタ自動車）らがスター候補だろう。

福岡選手は、２０２０年の東京オリンピックのあと、医師の道を目指すと公言している。ピアノの腕前はプロ級。試合中、時にはベートーベンのメロディーが頭に流れることもあるそうだ。曲目は「運命」か「第九」か。

日本代表のプール戦は、開幕試合でロシアと戦い、世界ランキング上位のアイルランド、身体能力の高いサモア、伝統のスコットランドと対戦する。躍進のアイルランドは２０１８年11月、ニュージーランドにも勝っている。エースのジョニー・セクストンという選手はワールドラグビー２０１８年最優秀選手にも選ばれた。一見の価値ありだ。

日本代表は試合間隔など、日程には恵まれている。ただ他国のマークは２０１５年大会と比べると、きつくなっている。日本としては、チームスローガンの「ＯＮＥ ＴＥＡＭ」になれるかどうか、ファンの声援を力にできるかどうか、だろう。

大会には日本を含め、世界20チームが参加する。優勝候補は、大会3連覇を目指す、「ラグビー王国」ニュージーランドや、２０１５年に日本代表を指揮していたエディー・ジョーンズヘッドコーチが率いるイングランド、はたまた初の戴冠を狙うアイルランドだろうか。２０１９年の欧州シックスネーションズ杯でイングランドを破ったウェールズも、汚名返上に燃える南アフリカも、オーストラリアも目が離せない。

アイランダーならではのダイナミックな奔放プレーをみせるフィジーやトンガも個人的には楽し

みだ。愚直な男たちがそろうジョージア、馴染みのないウルグアイ、ナミビアはどうなのだろうか。ワクワクする。

ワールドカップの見方は十人十色だ。日本代表などチームに注目するのか、男前の選手ら個人を追いかけるのか。奇想天外なパスワークや鋭利なランのスピード感、あるいはどんとぶつかる肉弾戦を楽しむのか。各チームの戦術、戦略を分析するのも通のヨロコビか。

沸き出る感動、ココロも沸き立つラグビーワールドカップがやってきた。そのキャッチコピーはこれだ。

〈4年に一度じゃない。
一生に一度だ。〉

記憶は時間とともに風化していく。

感動は薄らいでいく。

ラグビーワールドカップ日本開催はいわば、奇跡である。招致活動には元日本ラグビー協会会長の森喜朗さんら何人もの人の執念に近い尽力があった。なぜ、奇跡の大会を日本に招致できたのか。人々の知恵と情熱、成功プロセスを誰かが記録しておかねばならない。ジャーナリストとしての使命感が頭をもたげてきた。

そのほか、２０１１年に東日本大震災で甚大な被害を受けた岩手県釜石市と２０１６年に熊本地震に見舞われた熊本県熊本市の復興ストーリーもある。もちろん、ラグビー日本代表の挑戦、さらにはラグビーワールドカップの過去の物語も多々、転がっている。

僕の体験、あるいは取材した日常、非日常の出来事には味わい深い物語が秘められている。だから、それをすくい取ってみることにしたい。そこにはラグビーならではの価値、チカラ、輝きがきらめいているはずだからだ。

いざノーサイドに乾杯！

ラグビーのチカラを信じて。

第一章

なぜ、
日本にRWCが来たのか

1 〝夢〟の実現

10年。もう、そんなになるのだ。日本ラグビー界が、『ラグビーワールドカップ２０１９日本開催決定』の朗報に沸いてから。

眞下さんの涙

２００９（平成21）年7月28日の火曜日。決定の瞬間、僕は東京・港区の秩父宮ラグビー場のクラブハウス2階にいた。記者会見が設営されており、ひな壇には日本ラグビー協会会長（当時）の森喜朗さんと元日本代表のレジェンド、大畑大介《おおはただいすけ》さんが並んで座っていた。メディアがざっと１００人ほどか。時間は深夜零時になろうとしていた。

正面右に臨時で置かれた大スクリーンに国際ラグビー評議会（ＩＲＢ）理事会のネット中継が映っていた。２０１５年の第8回大会がイングランド、２０１９年の第9回大会は日本でのラグビーワールドカップ（ＲＷＣ）開催のセット推薦案がＩＲＢから出され、「賛成16、反対10」で承認された。その時、ステージ上で、ラグビーワールドカップ日本大会招致委員会実行委員長の眞下昇《ましものぼる》さん（当時、日本ラグビー協会専務理事、現日本ラグビー協会顧問）は顔をくしゃくしゃにして涙を流した。

2019年ラグビーW杯の開催地に決まり、手をたたき喜ぶ日本協会の森喜朗会長（左）と大畑大介選手（提供：共同通信社）

２０１９年６月某日、10年前の涙のワケを聞けば、眞下さんは短く、答えた。

「もう言葉がなかった。まあ、やっと、（ＲＷＣ開催権を）とれた。それが本音だった」

眞下さんは１９３８（昭和13）年12月生まれ。中学までは野球少年だったが、群馬県立高崎高校からラグビーを始め、東京教育大（現筑波大）ではスタンドオフとして活躍した。卒業後、英国系商社のドッドウエル（当時は関東社会人リーグ所属）に入社。社会人、クラブチームでプレーし、現役引退したあとは日本協会公認のトップレフリーとして笛を吹いた。僕も大学時代、試合で笛を吹いていただいた。いつも白いユニフォーム姿。正確な判断、試合のリズムを大事にしてもらった印象が残る。

眞下さんは「一生涯、ラグビーに関わっていきたい」と漏らしたことがある。以前、一緒に食事をした際、空襲で焼け野原になった東京の様子など、子ども時代の戦争体験を聞いたことがある。ラグビーに平和の大切さを託しているのではないだろうか。

眞下さんはレフリー時代から冷静な判断力、知力、実行力が持ち味の戦略家だった。2002年からは日本協会専務理事として、日本ラグビー界の改革を推し進めてきた。

海外にも知人が多く、名前から「ノビ」の愛称で親しまれている。一見温厚そうに見えるが、実は情熱家。若手に厳しくも、後輩の面倒見がいい。RWC招致活動の中心的役割を果たした。

招致成功のポイントを聞けば、眞下さんは遠い記憶をたどるようにしばし、熟考した。

「日本のアピールをわかってもらえたことだろう。ラグビーのグローバリゼーションだ。アジアというラグビー途上の地域でワールドカップをやって、ラグビーを世界に広げる。その意義を理解してもらえた」

投票の舞台裏をのぞけば、16―10と、楽な結果ではなかった。この時の理事会の投票数はIRB創設期メンバーの伝統8カ国・協会（イングランド、スコットランド、ウェールズ、アイルランド、フランス、オーストラリア、ニュージーランド、南アフリカ）がそれぞれ理事2名ずつの各2票、それ以外の日本ほかイタリア、カナダ、アルゼンチンの4カ国とヨーロッパ・ラグビー協会（FIRA、2014年にラグビーヨーロッパに名称変更）、アジア・ラグビー協会など6地域協会が理事1名ずつの各1票を持っていた。

意外ではあるが、実は少なくない数の理事が、ラグビー発祥のイングランド協会に反発を抱いていた。日本はなんとかＲＷＣ開催を実現するため、２０１５年と２０１９年の２大会をセットで決めることを、ラグビーワールドカップ・リミテッド（ＲＷＣＬ、ＩＲＢが設立したＲＷＣを運営する会社）に働きかけていた。結果、ＲＷＣＬが立候補国・協会の開催能力と市場拡大の可能性を調査して、理事会に推薦したのが『２０１５年イングランド・２０１９年日本』のセット案だった。

この時、ＩＲＢのセット推薦案に真っ向から反対していたのが、ＲＷＣ招致の運動をしていた南アフリカ（南ア）とイタリア。交流と利害関係を共にするＳＡＮＺＡＡＲ《サンザー》（スーパーラグビーを統括する南ア、ニュージーランド、オーストラリア、アルゼンチンラグビー協会の略称）の関係上、本来は南アを支援しないといけないニュージーランドのスティーブ・チューＣＥＯを、眞下さんは直前に説得して、南ア支持から日本に翻意させていた。チューＣＥＯは投票後、南ア側に謝罪に行ったという。

もしも、ニュージーランドの２票と、ニュージーランドと関係が深いオセアニア地区１票の３票がセット推薦案の反対に回っていたら、結果は13―13となっていた。

眞下さんは漏らした。

「実はぎりぎりだった。でも、ニュージーランド、オーストラリアとはラグビー・アコード（協定）を結んでいた。それが幸いした。ニュージーランドは結局、日本でワールドカップをやったほうが、ラグビーが世界に広がると考えてくれた。もし、あれで日本開催が承認されていなかったら、僕らはもう二度とドリームを口にすることはできなかった」

森さんの執念、実る

10年前の開催決定の瞬間、森喜朗さんは記者会見場で感慨深そうにしていた。派手なガッツポーズはなかった。森さんに対し、最前列のパイプ椅子に座っていた僕が真っ先に質問した。いまの率直なお気持ちは？

「おふたりの霊をなんとしても慰めたい。その一心で（招致活動を）やってきたんです」

顔は、こわい大物政治家のそれではなかった。勝利後のラガーマンに似た控えめな喜びの表情をつくり、少し笑った。

「涙が出そうになったけれど、泣いたら格好悪いから我慢したよ」

ふたりとは、まず町井徹郎・前日本協会会長のことである。2003年11月23日、RWCオーストラリア大会の決勝戦の翌日、町井さんは森さんらとともに、シドニーのホテルで、IRBのシド・ミラー会長（当時、アイルランド出身）と会った。

RWC招致の意思を伝えるためだった。その時、町井さんはがんにおかされていた。森さんが思い出す。

「町井さんは苦しそうだった。あとで（がんと）知ったんだ」

町井さんは2004年10月、天国に召された。その月、日本は2011年RWC招致委員会を発足させた。夢へのパスを受け取り、招致委員会会長に就いたのが森さんだった。日本は2005年11月、11年RWC招致に失敗する。森さんは悲しくて、怒った。生来の負けじ魂に火がついた。悩んだ末、日本協会会長職にとどまり、15年RWC、19年RWC招致に再挑戦したのだった。

もうひとりは、2003年11月29日、イラクで凶弾に倒れた外交官、奥克彦さんのことである。ともに早稲田大学ラグビー部を途中で退部したこともあり、森さんはなにかと後輩の面倒を見ていた。森さんはよく、奥克彦さんから言われたものだ。「先輩、いつか日本でワールドカップをやりましょう」と。

森さんは、奥克彦さんの英国赴任やイラク出張の経緯などを回想した。記者会見後、もしも奥克彦さんが生きていたら、RWC開催決定にどう反応したでしょうかと聞いたら、森さんは僕の両肩をつかむマネをした。声が湿り気を帯びた。

「喜んで、こうやって、奥くんは泣いたと思うよ」

森さんは1937（昭和12）年7月、石川県能美郡根上町《ねあがりまち》に生まれた。自宅の玄関には革製のキャッチャーミットとラグビーボールが飾ってあった。祖父の喜平氏は根上町町長を務めていた。早稲田大学OBだった父親（故・茂喜氏、元根上町町長）が、早大ラグビー部を根上町に招き、合宿をさせていた。森さんは小学4年の時、大学生の練習中のひたむきな姿と、その年の夏に金沢市でおこなわれたラグビーの早慶オープン戦を見て、ラグビーにあこがれるようになった。

森さんはラグビー強豪校の石川県立金沢二水高校に越境入学し、ラグビー部ではスタンドオフとして活躍した。「ラグビー命」だった。1956年、念願の早大に進み、ラグビー部に入部した。

その後、体調を崩し、やむなく退部する。

森さんは、大学も退学しようと考えた。父親の後輩でもある当時早稲田大学ラグビー部の監督だった大西《おおにし》鐵之祐《てつのすけ》先生を訪ね、退学の意思を伝えた。笹川スポーツ財団『スポーツ歴史の検証　二〇一八年度版』のインタビューによると、こう叱咤激励されたそうだ。

「〝何が早稲田だ、何がラグビーだ。そんなことでおまえの人生がすべて決まるわけじゃない。ラグビーを見返してやろうじゃないか〟と。要は〝ラグビーに恩返ししなさい〟ということを大西先生はおっしゃってくれたんだ。それが私の〝意地〟になっているというわけだ」

早稲田大学に残り、雄弁会に入った。政治家への道を歩み始めた。

森さんはしみじみと漏らす。

「結局、人生はラグビーと同じだよ」

同感である。人生もラグビーも予測できないものなのだ。右に転ぶか、左に転ぶか。その都度、自分で判断し、ベストを尽くすことが肝要なのである。

早大卒業後は、産経新聞社勤務を経て、１９６９年12月、衆議院議員総選挙に石川1区（当時）でトップ当選を果たした。32歳だった。「教育」「人づくり」をテーマにおいた。２０００年には内閣総理大臣に就任した。気配り、配慮のかたまりのような人で、ことのほか、「恩義」と「人」を大事にする。ラグビーをラブしている。

「ラグビーに出会えたことが一番の幸せだった。ラグビーは森家にとって、末代までの忠義なんだ」

だから、森さんはＲＷＣ招致活動をリードした。執念だった。男の意地だった。結果、世界のラグビー界を動かし、日本ラグビー界はＲＷＣ招致に成功した。夢がかなった。

そのＲＷＣ招致活動の顚末を記録する。

優勝国	夏季五輪開催地	サッカーW杯開催地	WR会長	IOC会長	JRFU会長	IRB理事
NZ			バーノン・ピュー（ウェールズ）1994～2002	サマランチ（スペイン）1980～	阿部譲	
	ソウル					
		イタリア			磯田一郎	
豪州						金野滋
	バルセロナ				川越藤一郎	
		米国			金野滋	
南アフリカ						
	アトランタ					
		フランス				
豪州						
	シドニー					堀越慈
				ジャック・ロゲ（ベルギー）	町井徹郎	
		日本・韓国				
イングランド			シド・ミラー（アイラランド）			
	アテネ				代・日比野弘	
					森喜朗	
		ドイツ				
南アフリカ			ベルナール・ラパセ（フランス）			
	北京					河野一郎 眞下昇
		南アフリカ				
NZ						矢部達三 徳増浩司
	ロンドン					
				トーマス・バッハ（ドイツ）		
		ブラジル				
NZ					岡村正	
	リオ		ビル・ボーモント（イングランド）			河野一郎 浅見敬子
		ロシア				
					森重隆	
	東京					

【RWC・五輪年表】

年	出来事	RWC
1987年	**ラグビーの第1回ワールドカップが開催(NZと豪州の共同開催)**	第1回 (NZ・豪州大会)
1988年		
1989年	国際パラリンピック委員会(IPC)創設。初代会長にステッドワード氏。	
1990年	岡野俊一郎氏、**国際オリンピック(IOC)**委員就任。	
1991年	IOC、1998年冬季五輪開催地に長野を選出。	第2回 (英仏大会)
1992年	五輪でプロ解禁(バスケットボール)、オリンピック休戦を決議	
1993年		
1994年		
1995年	世界女性スポーツ会議、ブライトン宣言採択。	第3回 (南アフリカ大会)
1996年		
1997年		
1998年	**長野冬季五輪開催。**	
1999年	世界アンチドーピング機構設立。	第4回 (ウェールズ大会)
2000年		
2001年	日本アンチドーピング機構設立。	
2002年	**FIFAワールドカップ日韓大会開催。**	
2003年	RWC準備委員会設立。**森元総理、町井会長らがシドニーでRWC決勝を観戦、ミラー会長にRWC招致の意向を伝える。**	第5回 (豪州大会)
2004年	RWC招致決定、活動開始。	
2005年	**2011年RWCにNZ選出、日本落選。**	
2006年	**2016年東京オリンピック・パラリンピック招致委員会設立。**	
2007年		第6回 (フランス大会)
2008年		
2009年	2016年五輪開催地にリオ選出、**東京落選。**15年RWCにイングランド、**19年には日本選出。7人制ラグビーが五輪競技入り。**	
2010年	「スポーツ立国戦略」策定。	
2011年	**スポーツ基本法公布。20年東京オリンピック・パラリンピック招致委設立。東日本大震災**	第7回 (NZ大会)
2012年		
2013年	**2020年五輪開催地に東京選出。**IOC会長にトーマス・バッハ氏就任。	
2014年	**IRBからWRに改称。**	
2015年	スポーツ庁発足、初代長官に鈴木大地氏。 **RWCイングランド大会で日本代表が南アを破るなど3勝をマーク。**	第8回 (イングランド大会)
2016年	熊本地震	
2017年		
2018年		
2019年	**ラグビーの第9回ワールドカップが日本にて開催**	第9回 (日本大会)
2020年	**東京オリンピック・パラリンピック開催**	

2 「ファー・イースト」の日本に夢のRWCをもってこよう

夢のまた夢のRWC日本招致

古びたスクラップブックを開く。ぼろぼろになった朝日新聞の縮小した紙面が貼ってある。日付は2003（平成15）年1月12日。見出しは「ラグビー新世紀」、朝日新聞社が主催した「朝日ラグビーフォーラム2003　社会人大会からトップリーグへ」（1月8日・東京・有楽町ホール）の特集ページである。

サッカーのJリーグ発足から10年、その年の9月13日の土曜日に国立競技場でトップリーグがスタートした。その節目に合わせ、トークイベントが開かれた。パネルディスカッションには、明大—新日鐵釜石ラグビー部（現釜石シーウェイブス）で活躍した元日本代表の森重隆《もりしげたか》さん（2019年6月に日本ラグビー協会会長に就任）も出席していた。

基調講演が日本協会専務理事の眞下昇さんだった。紙面の右半分に5段の眞下さんの囲み記事が置かれている。見出しは「アジアリーグを見据えて」。トップリーグ開幕に向けた抱負、アジアリーグ創設への意欲などが書かれ、記事の終盤にこんなフレーズがある。

〈そして、ラグビーワールドカップを日本で開催できないかということ。イングランドかフランスで開かれる07年大会の後、11年か15年の大会を招致したい。〉

２０１９年６月。眞下さんが述懐する。

「フォーラムではトップリーグを９月13日に立ち上げるという話をした。フォーラムの打ち合わせの時、朝日新聞の記者から、〝トップリーグの立ち上げの話だけじゃなく、もう少し、夢のあるような話があったほうがいいのではないでしょうか〟と言われたのだ。それでトクさんと相談してね」

トクさんとは、日本ラグビー協会随一の国際派として知られる徳増浩司《とくますこうじ》さんのことである。フォーラムでのスピーチ・ストーリーを組み立てる。トップリーグを発足させる。将来、そのトップリーグにアジアのチームを加えて、アジアリーグというものに拡大するのもオモシロい。いや、アジアの国々の選手が日本のトップリーグのチームに参加するのもいいではないか。その先の先には、アジアで初めてのラグビーワールドカップ（ＲＷＣ）を日本に持ってくるというのはどうだ、と。

眞下さんはフォーラムでまず、トップリーグの必要性を訴えた。１９９９年のＲＷＣウェールズ大会の日本代表の惨敗を間近に見て、日本全体のレベルアップを痛感した。世界に勝つためには、試合数が少なく、チームのレベルに差のあった社会人ラグビーを改革しなければいけない。全国社会人大会を発展解消して、全国リーグのトップリーグを創設する。そこに強豪国出身選手も参加させる、アジア枠もつくる。日本ラグビーの活性化とアジアラグビーの底上げのためだった。

眞下さんは笑って続けた。

「もう夢のまた夢の話だった。大ぶろしきを広げたわけではないけれど、大きな夢を掲げておくと、それに向かって誰かが動くモチベーションになるだろうって」

当時の日本ラグビーの状況を説明すると、日本代表は１９９９年のＲＷＣウェールズ大会でＳＨグレアム・バショップ、ＮＯ８ジェイミー・ジョセフ（現日本代表ＨＣ）の元ニュージーランド代表選手を擁しながらも３戦全敗に終わった。その後の欧州遠征でも惨敗が続き、代表強化のためにも国内リーグのレベルアップが求められていた。

眞下さんは２００２年、白井《しらい》善三郎《ぜんざぶろう》さんの後を継ぎ、日本ラグビー協会の専務理事に就任していた。加えて、サッカーは１９９３年のＪリーグ発足後、人気が急上昇し、２００２年のサッカーワールドカップ日韓大会では日本列島が沸騰した。サッカーのワールドカップが刺激になったのですか、と聞けば、眞下さんは「もちろん」と答えた。

「サッカーってすごいことやるな、と驚くと当時に、ワールドカップのレガシーとして、あれだけのスタジアムがよくつくれたなと感心していた。ワールドカップを開けば、ラグビー界の活性化に間違いなくつながる。競技人口もファンも増えるだろう。それに、ほかの競技団体への刺激にもなるんじゃないかって思ったんだ」

眞下さんの「ＲＷＣ招致」の発言は多くの人にとっては寝耳に水だった。日本協会の理事会にも諮らない、個人的な意見だったからだ。新聞に記事が出た翌日、日本ラグビー協会とビジネス関係があった大手広告代理店の担当者が慌ててラグビー協会に飛んできた。「ほんとうにラグビーワールドカップをやるんですか」と。

徳増さんは、国際ラグビー評議会（ＩＲＢ）のマイク・ミラー事務局長（当時、のちにＣＥＯ＝最高経営責任者）に国際電話をかけた。

「日本でラグビーワールドカップを開催できるんですか」

「できないことはないよ」

この件の情報交換をするため、7月、ミラー事務局長がシンガポールに出張する際、日本に立ち寄ることになった。

徳増さんの思考は柔軟性に富む。いわば「夢追い人」でもある。好きなことに熱中する、まっすぐに行動する。１９５２（昭和27）年生まれ。国際基督教大学（ＩＣＵ）卒業後、西日本新聞社の記者になりながら、来日したウェールズ代表の試合に感激し、新聞社を退社して英国ウェールズのカーディフ教育大学に留学、コーチング学を学んだ。

帰国後、茨城県の茗溪学園でラグビー部を指導し、それまでの高校ラグビーの常識を覆す「奔放ラグビー」で高校日本一に導いた。僕も、この大会を取材した。創造性と魅力にあふれるチームだった。１９９５年から日本ラグビー協会に勤務、堪能な英語力を生かし、国際ラグビー界での人脈を築いた。ＲＷＣ日本招致においては、森さん、眞下さんを支えることになった。

RWC 日本大会招致に奔走した森喜朗氏（左）と眞下昇氏（提供：眞下氏）

人間関係を耕せ

2003年7月、IRBのマイク・ミラー事務局長が来日し、東京都内で記者会見がセットされた。記者から「ラグビーワールドカップで過去1勝しかしていない日本ですが、代表チームが弱くてもワールドカップを招致できるのですか？」と聞かれると、同事務局長は「代表チームの成績は関係ない」と答えている。

「ラグビーを真のグローバルスポーツにするためには、そろそろ伝統国以外の国での開催が必要である。ラグビーを世界に広げるためにも日本でやる価値は十分にある」

この会見で司会を務めた徳増さんによると、ミラー事務局長は記者会見で、「ワールドカップ開催の条件」として5つを提示した。

（1）収益性

ワールドカップの収益をその後4年間、およそ100カ国のIRB加盟国への育成補助金として活用するため。

（2）観客動員

ラグビーのプロモーションのためにもスタジアムには必ず多くの観客が入っていること。

（3）インフラの整備

国際大会が開催できるインフラが十分整備されていること。

（4）警備

滞在チームが安心して参加できる環境にあること。

（5）政財官界からのサポート

その国の政財官界からの支援を受けていること。

徳増さんは記者会見の夜、ミラー事務局長と一緒にビールを飲んだ。その夜から十数年。記憶は薄れど、ミラー事務局長からの「cultivate（〝耕す〟の意）」とのアドバイスを覚えている。「culture（文化）」の語源でもある。

「マイクが言ったのは、人間関係をカルティベートしないといけないということだった。〝信頼関係を耕せ〟って。特に用事がなくても、月に一回は各国の理事に電話をする。何か用事がある時だけ電話をしてもダメ。ワールドカップ招致には人間関係を耕すことが大事だって。それは、招致活動のいいヒントになった」

オリンピック大会の招致活動もそうだが、国際ビッグイベントの投票行動のかぎは結局、個人と個人の信頼関係が握る。時にはカラオケ外交も効果的か。日本に来た時は、思いきりホスピタリティをやって、この人たちは信頼できると思わせないといけない。カルティベート、日本ラグビー協会の地道な人脈作りが始まることになる。

奥克彦さんから森喜朗さんへの夢のパス

ほぼ同じ頃、外務省の奥克彦さんもRWCの日本招致を本気で考えていた。

奥克彦さんは早稲田大学ラグビー部を途中退部したあと、猛勉強し、在学中に外務省公務員採用上級試験に合格した。1981(昭和56)年、外務省に入省後、英国オックスフォード大学ハートフォード・カレッジに留学。ラグビー部に入り、日本人で初めて1軍選手として公式戦に出場した。ラグビーへの情熱は折り紙付きだった。

奥克彦さんは1996年から、外務省の激務の中、日本ラグビー協会の国際委員などを歴任した。2000年4月、外務省の国連政策課長になった時、ちょうど内閣総理大臣に就いたのが森喜朗さんだった。早大ラグビー部の先輩にあたる。

恩師の大西鐵之祐先生から紹介されていた奥克彦さんは日を空けず、首相官邸の森さんのところに顔を出した。まるで走るように廊下を歩きながら。

森さんの記憶では、奥克彦さんは官邸に来ると、よく「ラグビーワールドカップをやりましょう」「ワールドカップを日本に招致しましょう」と訴えたそうだ。

森さんは意気に感じるタイプである。「縁」と「熱」を大事にする。RWC日本招致の奥克彦さんの夢を引き継ぎ、招致活動を牽引していくことになる。

奥克彦さんは2003年11月29日、イラクで銃弾に斃れた。まだ45歳だった。

森さんは言った。声に湿り気が帯びる。

「奥克彦くんはおれに言っていた。自分をもう一度、イギリスに戻してください。ワールドカップ日本招致の運動を始めますからって。それでイギリスに戻り、長期出張でイラクに行った。そこで非業の死を遂げた。だから、責任の一端はおれにもあるんだ。奥克彦くんのためにもワールドカップをとらないといけない。奥くんが果たせなかったことを、なんとしても自分がやらなければ、と心に誓ったのだ。奥克彦くんの気持ちを大事にして、（RWC招致活動を）お手伝いするのが自分の天命なんだ。ワールドカップ、それは、僕らの、日本ラグビーの夢になったんだ」

余談ながら。

2018年11月17日、英国のロンドン郊外のラグビーの聖地トゥイッケナムで、イングランド代表×日本代表のテストマッチがおこなわれ、近くのリッチモンドでは、奥克彦さんを偲ぶ、「奥記

2018年の奥記念杯には英国、日本のラグビー仲間が集まった

念杯（OKU MEMORIAL TROPHY）」が開かれた。

ロンドン郊外の名門クラブのグラウンドには、英国内外のラガーマンがざっと100人駆けつけた。黄金色の銀杏の木々に囲まれた緑の芝生の上で、奥克彦さんが留学していたオックスフォード大OBやライバルのケンブリッジ大OB、母校の早大OBらが楕円球を追いかけた。プレーは激しさの中にも優しさがあり、笑いもあった。

みんな、愉快そうで、ラグビーを満喫していた。いや、ラグビーを通した交流を楽しんでいた。早大OBで、ロンドンの日本人ラグビークラブ『ロンドン・ジャパニーズ・クラブ（通称ロンジャパ）』のキャプテン池上真介さんは、「感慨深いですね」と言った。

「日本とイギリスの深い交流に貢献された偉

大な先輩です。奥克彦さんが残してくれたご縁やイベントに関わることができることに感謝しています」

奥克彦さんはいつも、弱者に目を向けていた。ラグビーワールドカップの日本開催を夢見、ラグビーを通した日英交流、国際交流をも願っていた。それが国際平和につながるのだ、と。その遺志を継ごうと、奥克彦さんが亡くなったあと、日英の友人たちは追悼試合を英国で毎年続け、２０１８年、節目の15回目を数えた。

テストマッチの日の午前ということもあって、ラグビーワールドカップ２０１９組織委員会の嶋《しま》津《ず》昭《あきら》事務総長も駆けつけ、鶴岡公二・駐英日本大使があいさつをした。奥記念杯を支えてきたのは、オックスフォード大出身で神戸製鋼でもプレーしたレジ・クラークさんである。クラークさんはこう、言った。

「カツ（奥克彦さん）はワンダフルな男でした。日本とイギリスの交流の懸け橋となりました。カツの夢だったラグビーワールドカップがじき、日本で開催されます」

それにしても、奥克彦さんは魅力のある人だった。英国のラグビー事情に詳しいジャーナリストの竹鼻智さんは、「奥克彦さんは、ラガーマンとして、外交官として、いろんな国の人たちと友情を築いたのです」と説明した。

「亡くなったあとも、レジ・クラークさんらが奥克彦さんを偲ぶ記念杯を続けています。昔のことを忘れないのは、ラグビーの特性じゃないかな。こういった交流を通し、一人でも多くの人が日本

2018年11月の日本代表×イングランド代表のプログラムには故・奥克彦さんの特集があった。見出しは「MAKING A DIFFERENCE（変化をもたらす）」

のラグビーワールドカップに観戦に行くよう、勧めたい」

試合のグラウンドの横には、机に日本酒の一升瓶が8本並んでいた。試合後はビールや日本酒を飲んで交流を深める、これもラグビーの美徳のひとつである。人の輪づくりは、奥克彦さんの得意技だった。

そういえば、日本×イングランドの公式プログラムには奥克彦さんの1ページ大の写真とともに特集記事が掲載されていた。見出しが「MAKING A DIFFERENCE」（変化をもたらす）。本文には「外交官のカツは袖をまくり上げて行動し、助けを求めている人や困ったところに行って、変化をもたらそうとしていた」と書かれてある。つまり行動の人、エネルギーの塊だったのだ。

3　2011年RWC招致レース、僅差で敗れる

２００３（平成15）年11月22日の土曜日の夜。第５回ラグビーワールドカップ（ＲＷＣ）オーストラリア大会の決勝戦が、オリンピックでも使用されたシドニー近郊のスタジアム・オーストラリアでおこなわれた。延長戦にもつれ込み、イングランドのジョニー・ウィルキンソンが劇的なドロップゴールを蹴り込み、20―17で地元のオーストラリアに競り勝った。

その試合、観客席を８万２９５７人が埋めた。季節は初夏。夜は肌寒く、僕はスタジアムの売店で毛布のダウンジャケットを買った記憶がある。眺めのいいＶＩＰシートでは、森喜朗さんが日本ラグビー協会の町井徹郎会長とともに、国際ラグビー評議会（ＩＲＢ）のシド・ミラー会長ら幹部と並んで観戦した。森さんは試合後、まさかの敗戦にひどく落胆したオーストラリア首相のジョン・ハワード夫妻を慰めたそうだ。

前述の通り、森さんと町井さんらは決勝戦の翌日の11月23日の日曜日、シドニー市内のホテルにミラー会長を訪ね、ＲＷＣ招致の意思を伝えた。

２００４年４月19日の金曜日、森さんの呼びかけにより、「国会ラグビークラブ」が結成され、

海外メディアに向け RWC 日本大会招致を PR する
徳増浩司氏（提供：徳増氏）

秩父宮ラグビー場で初練習をおこなうとともに、RWC招致への支援を表明した。これがのちの超党派の「ラグビーワールドカップ大会成功議員連盟」へと発展していく。

7月の日本ラグビー協会の理事会で「2011年ラグビーワールドカップ招致」を正式に決定、9月10日の金曜日、日本協会専務理事の眞下昇さん、堀《ほり》越《こし》慈《めぐみ》理事、同協会事務局長代理の徳増浩司さんがアイルランドはダブリンのIRB本部を訪問し、シド・ミラー会長に対して、2011年RWC開催立候補国としての意思を正式に伝えた。

9月30日の木曜日に2011年開催立候補が締め切られ、最終的に日本、ニュージーランドと南アフリカの3カ国が立候補した。

10月18日の月曜日、2011年RWC日本大会招致委員会が発足した。会長に森さん、委員長に日比野《ひびの》弘《ひろし》・日本協会会長代行、ゼネラルマネージャーには平尾誠二さんが就任した。招致委の実行委員長には眞下さんが就いた。

【2011RWC 招致活動年表】（提供：徳増浩司氏）

2003年	11月	森喜朗元総理、武見議員らがシドニーにて、豪州RWCの決勝を観戦。町井会長とともに、IRB会長シド・ミラー氏に対し、日本協会がRWC招致に強い関心を持っていることを伝える。
2004年	4月19日	森元総理の呼びかけにより、「国会ラグビークラブ」が結成され、RWC招致への支援を表明。
	7月	**日本協会理事会で「2011年RWC招致」を正式に決定。**
	9月10日	**眞下専務理事、堀越理事、徳増事務局長代理がIRBを訪問し、2011年開催立候補国として意思表明**
	9月30日	2011年開催立候補表明締め切り（日本、南アフリカ、ニュージーランド）
	10月18日	2011RWC日本大会招致委員会発足（会長に森喜朗氏、委員長に日比野弘日本協会会長代行）
	10月31日	アジア協会理事会（香港）でプレゼンテーション
	11月	日本代表の英国遠征に合わせ、英国4協会、IRBでプレゼンテーション実施
	12月 上旬	IRBが開催申請書の詳細を発表
2005年	1月31日	IRBに対し、2011年開催を正式に立候補
	2月 6日	IRB副会長をマイクロソフトカップ決勝に招待
	2月12日	IRB会長シド・ミラー氏を日本選手権準決勝に招待
	3月	7人制WC開催国香港で招致アピールのファンクション開催
	4月	「チャレンジ2011キャンペーン」スタート
	4月 8日	日本政府の閣議了解受ける
	5月13日	IRBへ入札文書の提出（*国会議員618人の支援署名を添付）テーマは「A Fresh Horizon」（新たな地平線）
	6月 1日	ラグビーチーム専用「ラグビーJAPANチャレンジ2011ブログ」開始
	6月	ワールドカップ・リミテッド視察団が来日（6/22～28）
	9月	海外プレゼンテーション（カナダ）
	9月17日	トップリーグ開幕戦に海外メディア招待
	9月20日	ワールドカップ・リミテッド理事会（フランス）
	10月	海外プレゼンテーション（フランス、イタリア、アルゼンチン、スコットランド、イングランド、ウェールズ、アイルランド、アフリカ）
	10月13日	ワールドカップ・リミテッド理事会（～10月15日）
	11月 5日	日本代表×スペイン代表戦にオセアニア地区協会代表招待
	11月17日	**IRB理事会で2011RWC開催国決定（ダブリン）1回目ニュージーランド8、日本7、南アフリカ4、2回目ニュージーランド11（or12）、日本9（以上、推定）**
	11月18日	森会長がIRBを訪れ、IRBシド・ミラー会長に対し、決定方法が不透明・不公平であることを伝える。 現地英「タイムズ」紙は「ラグビーよ、恥を知れ」という論説を掲載。
	11月19日	成田空港にて記者会見。「ラグビーをグローバル化するための活動は今度も続けていきたい」（森会長）
	12月	アジア協会理事会（パキスタン）にて、徳増事務局長代理が、アジア協会の「規約改正」を提案。 2007年4月に38年ぶりにアジア協会の組織が全面的に改訂されるきっかけをつくる。

日本は『A Fresh Horison』（新たな地平線）というスローガンを掲げ、招致活動を本格スタートさせた。10月31日の日曜日、香港で開かれたアジア協会理事会でＲＷＣ招致委員会はプレゼンテーションをおこない、アジアの発展のため、支援を呼びかけた。

アジアはともかく、ラグビー伝統国の反応は冷たかった。眞下さんが当時を振り返る。

「一番苦労したのは、日本でワールドカップができるはずがないという固定観念をブレイクすることだった。簡単にいえば、そもそも日本でラグビーをやっているのかと聞いてくるわけだよ。（伝統国の）彼らからすると、南半球のニュージーランド、オーストラリア、南アフリカ、北半球の英国4協会（イングランド、スコットランド、ウェールズ、アイルランド）、フランスでいつも交互にワールドカップ、テストマッチを開催してきた。お互いの首脳陣はフレンドリーに交流を図っている。そこに、日本は弱いから呼んでもらえないわけだ」

タイミング悪く、日本代表は２００４年11月、スコットランド、ウェールズに遠征に行き、若手主体だったこともあり、大敗を続けた。スコットランド代表に8—１００、ウェールズ代表に０—98。悪夢だった。

遠征に合わせ、眞下さんたちは、英国4協会、ＩＲＢ本部でプレゼンテーションを実施した。徳増さんはウェールズのピカリンブ・チェアマンと深夜遅くまで飲んだ際、酔いのせいもあったのだろう、こう言われた。

「１００点で負ける代表チームの国にワールドカップがいくわけがない」

眞下さんの述懐。

「結果として、日本代表は100点ゲームのミスマッチになる。でも、僕はこう、慰められた。〝ノビ、このビッグスコアの敗戦はラグビーワールドカップの招致とは関係ないよ〟って」

日本代表の大敗にも、眞下さん、徳増さんたちはあきらめなかった。眞下さんは各国の理事に訴えていった。つらい日々を思い出してか、声が少し沈む。

「日本には経済力がある。アジアの人口は全世界の60％もいて、日本、韓国、香港以外の国々にもラグビーを浸透させていくべきじゃないか。日本でラグビーワールドカップを開くことが、ラグビーのグローバリゼーション、つまりラグビーの発展につながるのじゃないかって」

2005年1月31日の月曜日、日本ラグビー協会はIRBに対し、2011年RWC開催申請書を提出した。

日本のRWC招致への熱意と日本ラグビー界の実態を知ってもらおうと、機会をみつけては、IRB幹部らを日本に招待した。その後の主な招致活動を以下、時系列に並べる。

2月、マイクロソフトカップ決勝にIRBのボブ・タッキー副会長を招待。

同月、日本選手権準決勝にIRBのシド・ミラー会長を招待。

3月、香港で開かれたセブンズワールドカップの会場にて、RWC招致活動をおこなう。眞下さんがラグビー・アコード（協定）を結ぶオーストラリアを訪ね、日本支援を呼びかける。

4月、ワールドカップ日本招致に対して政府の閣議口頭了解を得る。

5月、日本協会は入札文書をＩＲＢに提出。

6月、ラグビーワールドカップを運営する団体、ラグビーワールドカップ・リミテッド（ＲＷＣＬ）の視察団が来日、大阪・長居スタジアム、神戸ホームスタジアムなどを視察した。

この月、森喜朗さんが日本ラグビー協会の第12代目会長に就任する。また日本体育協会（現日本スポーツ協会）会長にも就任。

9月、トップリーグ開幕に合わせて、英国有力紙「タイムズ」など欧州の記者を招待。

10月、ＲＷＣＬ理事会を東京で開催。ＩＲＢのシド・ミラー会長ら6名が来日し、小泉純一郎首相を表敬訪問。

森さん、眞下さん、徳増さんら、欧州を中心にロビイング活動をおこなう。各地で在外公館（日本大使館）の支援を受け、イタリア協会、フランス協会、アイルランド協会などにＰＲ。

11月、日本代表×スペイン代表戦にオセアニア地区協会代表を招待。

同月、ロンドン、ダブリンにて、眞下さん、徳増さんがＲＷＣ招致の記者会見を開く。海外のメディアは「日本での開催がラグビーのグローバル化につながる」と非常に好意的に受け止め、日本支援の報道が相次いだ。

11月17日の木曜日、アイルランドはダブリンで開かれたＩＲＢ理事会において、森さん、眞下さん、在英日本大使館の野上義二大使、徳増さんらがプレゼンテーションをおこなった。その後、無記名による投票となった。投票対象国の理事は投票権を行使できない。

2011年大会のIRB理事会プレゼンに臨む森氏（中央）、眞下氏（右から2人目）、徳増氏（左端）ら（提供：徳増氏）

１回目の投票（推定ニュージーランド8、日本7、南ア4）で南アフリカが脱落、２回目の決選投票（ニュージーランド11、日本9、あるいはニュージーランド12、日本9）では日本は僅差で敗れ、ニュージーランドが２０１１年ＲＷＣの開催地に決定した。

当時の理事会の投票数は全部で24票。冒頭で触れたが、創設期メンバーの８協会（イングランド、ウェールズ、アイルランド、スコットランド、フランス、オーストラリア、ニュージーランド、南アフリカ）はそれぞれ理事２名の各２票の投票権を持ち、その他の協会は理事１名の各１票という不公平な票配分になっていた。関係者の話を総合すると、1回目の投票で日本に入れたのは、イングランド（2）、オーストラリア（2）、フランス（2のうち1）、イタリア（1）、アジア協会（1）のトータル7票と推察されている。

1回目の投票結果に、眞下さんは「結構、（理事は）やってくれた」と好感触を得た。意外だったのは、最有力候補とみられていた南アフリカ（南ア）の脱落だった。その瞬間、会場では大きなどよめきが起きたそうだ。

実は前日、ニュージーランド理事の訪問を受けていた。

「おれたちはたぶん、1回目で負ける。そうしたら、SANZAARの関係ではなく、日本に投票するよ、とわざわざ言いにきてくれた」

1回目の各理事の投票行動について、徳増さんが推察してくれた。

「1回目に何が起きたかというと、南アが一番有利だった。ニュージーランドは国の経済力が小さいから、もうワールドカップはできないだろうと思われていた。そこに同情票が入ったのではないか。どうせ南アフリカが選ばれるのだから、ニュージーランドの体面を保つためにも、自分ぐらいはニュージーランドに投票してあげよう。そう考えていたところ、1回目で南アが落ちてしまった」

ニュージーランドへの〝同情票〟でいえば、この投票の2年前の2003年大会で、オーストラリアとの共同開催を予定していたが、スタジアムの広告看板の問題から開催できなかったこともあろう。

そういえば、この時のニュージーランドの招致スピーチではヘレン・クラーク首相（当時）も登壇した。涙を流しながら、こう訴えた。「我々の国にとって、これがラストチャンスなのです。大会経費が拡大していくラグビーワールドカップを開催するのは、将来、もうムリですから」と。

強敵の南ア脱落で日本の勝利が近づいた気がした。

ニュージーランド（NZ）の強みはやはり、同国代表オールブラックス（NZの愛称）だった。投票の見返りにオールブラックスの遠征の興行権を約束すれば、数億円規模の収入が提供されるといわれている。加えて、ニュージーランドはSANZAAR同盟により脱落の南アの支持を受ける。オセアニア協会はニュージーランド協会と連携している。なぜかといえば、オセアニア協会の事務局はニュージーランド協会の中にあるからだ。

ここで問題はアジア協会代表の投票行動である。香港に事務所をおく同協会代表はニュージーランド出身だった。関係者によると、1回目は日本だったが、2回目は母国のNZに投票したのではないかという疑いが持たれている。

ラグビー界の投票行動は興味深い。アングロサクソン系のイングランドに対し、ケルト系のスコットランド、ウェールズは結託して対立軸に回る傾向がある。もうひとつ、ラテン系のフランス、イタリアも連携してきた。もしくは、北半球勢vs南半球勢という構図になるケースもある。フランスは2票を持つが、リスクを避けるためか、よく1票ずつ投票先を分散させる。

関係者の分析によると、この投票で日本を真っ先に応援してくれたのが、オーストラリア協会のディリップ・クマ・チェアマンだったそうだ。スリランカ出身で、アジアのラグビー発展を期待していた。イタリア協会はアンチ・アングロサクソン志向なのだろう、日本支持を表明してくれていた。

ここで、ＩＲＢ（国際ラグビー評議会、２０１４年よりＷＲ）の票配分が不公平な理由を少し解説したい。なぜ、特定の協会が2票持っているのか、である。徳増さんによると、「理事会の票配分が不公平」なのは、ＩＲＢ設立の歴史と関係があるという。

ことの発端は１８８４（明治17）年、イングランド対スコットランドの試合にさかのぼる。この試合はイングランドが勝ったものの、ルール解釈の違いをめぐって国際的な争議となり、翌１８８５年におこなわれるはずだった両国の対抗戦をスコットランドがボイコットした。

これを重く見たラグビー界は「協会同士の国際紛争を解決するための機関」という名目で１８８６年2月、ＩＲＦＢ（International Rugby Football Board、１９９４年に国際アマチュア・ラグビー連盟と統合。１９97年にＩＲＢに改称）の設立を決定した。ちなみに当時のテストマッチは、イングランド、スコットランド、アイルランド、ウェールズの4カ国・協会間のみで行われていた。

ＩＲＦＢ結成にあたり、ラグビーの発祥地・イングランド協会は「競技人口やチーム数の多さ」「自国が競技規則を決定していた」などを理由に「他の協会と同じ理事数ならＩＲＦＢに加盟しない」と拒否。このこじれから、1887〜90年の4年間、イングランド代表と他の3カ国・協会との試合は催行されなかった。

この状態が続くことは望ましくない、と3カ国が考えた結果、1890年に他の3カ国はついに妥協。IRFBにイングランド協会から6人の理事を入れるとの条件で、ようやくIRFBへ加盟した。ただ、イングランド協会の要求に屈した結果、理事の構成はアイルランド、スコットランド、ウェールズが各2人、これに対しイングランド協会は6人と半数を占めることになった。

その後、1911年にイングランド協会の理事数は4人に減少したものの、歴史的な経緯をひきずり、2005年時点で、日本など新興国および地域協会が1票なのに対し、2票を持つ伝統国が8つも存在するいびつな構図となっていた。


投票が終わった翌日の2005年11月18日、英紙「タイムズ」は社説で「Be Shame!」との見出しで厳しい論評を載せた。「ラグビーよ、恥を知れ」。ラグビーのグローバル化に逆行する2011年RWC開催地の決定だというわけだった。

元総理の一撃

投票翌日の朝、ある「事件」は起きた。

日本協会会長の森さんが、IRBのシド・ミラー会長にアポイントメントを取り、会いに行ったのだった。あいさつと受け取ったミラー会長だったが、森さんは最初こそ丁重に話をしていたけれど、途中からテーブルをたたきながら、投票の不公平さに猛抗議した。

すごい剣幕だった。その場に同席した日本ラグビー協会理事（当時）の河野《こうの》一郎《いちろう》さんが思い出す。

「あの日は忘れられない」と。

「あれで世界のラグビーの歴史が変わった」

当事者の森さんの述懐。

「無性に腹が立ったからね。（投票の）前日まで、かなりいい雰囲気だったんだ。とくにメディアは圧倒的に日本だった。イギリスの主要紙も『初のアジアに』という論調だった。なのに、あの投票はまったくおかしかった」

怒りの矛先は、不公平なＩＲＢの票配分に向かった。政治の世界で長らく生き抜いてきた森さんならではの行動だったのかもしれない。

「おれはわからない。子どもでも抱く素朴な疑問がある。（伝統国は1カ国2票、新興国は1票）なぜ、あの〝おっちゃん〟はアメをふたつ持っていて、僕たちはひとつずつなのって。当時、伝統国で過半数の票が必ず、取れるようになっていた。イングランドに対する小競り合いがあるから、まだいいけれど、ラグビー界の先輩は何をやってきたんだって」

こうも主張した。例えば、国連では、人口13億人の中国も、12億人のインドも、経済大国のアメリカも、伝統国の英国も、小国のフィジーもトンガも、人口の小さいグアム（約17万人）も、それぞれ投票権は同じく1票である。すべて平等だ。だから平和が保てる。

「なぜ、ラグビーは違うんだって。それで、だんだん熱を帯びてきて、つい机をたたきながらやってしまったんだ。通訳を入れると、途中で休んでいるから、どんどん言葉が浮かんでくる。だんだん厳しい口調になってしまった」

森さんはこうも言ったそうだ。ラグビーの面白さはボールを展開することではないか。15人全員でボールを運ぶスポーツではないか。フォワードだけでボールを回してもオモシロくない。フォワード、バックス一体となってボールを回すのが魅力なのだ。ワールドカップも同じく、アジアやアメリカ、ロシアに回してこそ、ラグビーが世界に広がっていく。そうしないと、国際的に認知されるスポーツにならないのではないか、このままだと、必ずラグビーは衰退していってしまう、と。

「〝アジアには32のユニオンがある。まずは日本にボールを回してくれ〟って言ったんだ」

正論だろう。その場に同席した眞下さんが思い出す。シド・ミラー会長はおそらく、日本の招致チームを慰めようとアポイントメントを受け入れたのだろう。でも、実際は違った。

「シド・ミラーさんは驚いていた。元総理大臣の森先生の迫力に気圧されて、顔がどんどん赤くなっていったよ」

河野さんは、2011年RWC招致活動のレガシー（遺産）をこう、短く言った。

「なんといっても森さんがレコジナイズド（認知）されたことだよ。〝日本のラグビー界には森さんがいるぞ〟って世界のラグビー界の人々が知ったんだ」

4　2019年招致、夢かなう

日本スポーツ界はふたつの世界のメガ・スポーツイベント開催を目指した。ラグビーワールドカップ（RWC）と東京オリンピック・パラリンピックだ。このふたつの招致活動はおそらく、無関係ではなかっただろう。

ふたつの招致活動の中心として動いた河野一郎さんはかつて、こう漏らした。

「ラグビーだけで考えたら、話にならないということだ。やっぱり、オリンピックとか、ほかのスポーツの流れとか、経済や政治の関係とか……。要は、コネクティング（つながり）だよ。最後には、ドット（点）をつながないといけないんだ」

多様な背景と交渉力を生かした河野さん

僕はスポーツ界を40年近く取材してきたけれど、河野さんほど知略、戦略に富み、バランス感覚にあふれる人を知らない。語学堪能。海外にも幅広いドクター人脈、ラグビー人脈、オリンピック人脈を持つ。

河野さんは1946（昭和21）年、東京都に生まれた。東京医科歯科大学ではラグビー部に所属し、1988年ソウル、92年バルセロナ、96年アトランタと3大会連続で日本オリンピック選手団のチームドクターを務めた。96年からは日本ラグビー協会の強化推進本部長として、平尾誠二さんとともに日本ラグビー界の改革を進めてきた。とくに新しいタレントを発掘する『平尾プロジェクト』は画期的だった。

RWC 日本大会と東京オリンピック・パラリンピック招致に奔走した河野一郎氏（撮影：フォートキシモト）

またテクニカル・コミッティという部門をつくって情報分析に力を入れるようにもした。一見冷徹な印象を与えるが、実は情に深く、今も携帯電話には平尾さんの画像と言葉を大切に持っている。その言葉とは「スポーツのコア・バリューは目に見えない」である。

筑波大学、同大学院の教授を長らく務め、スポーツ基本法など重要な法案づくり、政策にも関わってきた。2006年には、東京オリンピック・パラリンピック招致委員会事務総長に就任。日本アンチ・ドーピング機構会長、日本スポーツ振興センター理事長なども歴任、現在、東京オリンピック・パラリンピック組織委員会副会長、ラグビーワールドカップ2019組織委員会事務総長代行を務める。

以前、元文部科学大臣の馳浩さんが、河野さんをこう、評したことがある。「アカデミックの世界、ドクターとしての世界、ラグビーの世界、幅広い人脈とステークホルダーをつないでいる。なんといっても、コミュニケーション能力が高い。ポイントは3つ。1つ目は、ネタをつかむのが早い。つまりアンテナ力がある。2つ目は、弁が立つ。3つ目、文書作成能力も高いんだ」と。

平成最後の冬の某日、激務の中を縫って、河野さんへのインタビューは敢行された。2011年ラグビーワールドカップの招致失敗をどう思いますか、と聞けば、「おれは失敗だとは思わないけど」と返ってきた。

「もちろん、招致レースには負けたわけだ。2011年ラグビーワールドカップの招致活動は型通りだったよ。人脈の基本はフェイス・トゥ・フェイスだけど、ひとつの回線ではだめだということがわかった。それに、11年の場合、招致の活動期間が1年ぐらいでしょ。今から思えば、何もできないよね。おれもそうだけど、ほとんどの人が仕事を抱えながら招致活動をしていたわけだ。それでは、相手の都合に合わせて海外に行くのは難しい。物理的に無理だった」

河野さんは、東京オリンピック・パラリンピック招致委員会事務総長になったことで、海外出張にも動きやすくなったのだろう。

東京オリンピック・パラリンピック招致とラグビーワールドカップ招致、2つの活動をずっと追いかけた僕としては、開催国（都市）選定の共通のポイントはいくつかあるとみている。

【2015、2019RWC 招致活動年表】（提供：徳増浩司氏）

2006年　4月	招致活動に向け、日本協会内に「国際委員会」設立。
10月	日本協会設立80周年行事の中で、森会長より「もう一回、ワールドカップ招致に挑戦する。2015年、2019年RWC招致活動をおこなう」ことを発表。
2007年　3月10日	スコットランド、イングランド協会に招致アピール（森会長、眞下専務理事、河野理事、徳増国際委員長）
10月	RWCフランス大会が商業的に大成功。
10月19日	IRB総会で、シド・ミラー会長退任、新会長はベルナルト・ラパセ氏。
2008年　5月　9日	IRB理事会にRWCLがトーナメントフィー（2015年は1億ポンド、2019年は1.2億ポンド）を提案したが、決定は7月の特別理事会に。
7月　8日	IRB特別理事会（香港）にて、2015年大会、2019年大会の同時決定を承認。その後、2015年は8000万ポンド、2019年は9600万ポンドに。
8月15日	IRBが公表、開催の意思表明は2015年が豪州、イングランド、アイルランド、イタリア、日本、スコットランド、南アフリカ、ウェールズの8カ国、2019年大会は豪州、アイルランド、イタリア、ジャマイカ、日本、ロシア、スコットランド、南アフリカ、ウェールズの9カ国。
2009年　3月　2日	RWC招致記者会見を開催。「なぜ、私たちはRWCを招致するのか」
3月	アジア協会理事会にてプレゼンテーション。アジア協会から支援を得る。
4月	IRBベルナルト・ラパセ会長来日
5月　8日	ダブリンにてIRBに入札文書「Tender for Asia」を提出。イングランド、イタリア、南アフリカも提出。
5月　9日	2015年はイングランド、イタリア、日本、南アフリカの4協会、2019年はイングランドを除く3協会の入札が判明。
5月13日	IRB理事会でプレゼンテーション（森会長、眞下専務理事、ジョン・カーワン）
6月 上旬	日本でジュニアワールドチャンピオンシップ開催
6月30日	**RWCLによる「2015年イングランド、2019年日本」の推薦案を発表。**
7月28日	**IRB理事会にて投票を実施。推薦案に対し、賛成16、反対10で承認される。**

①　開催国（都市）の開催能力・経済力・総合力

②　そのスポーツの世界における貢献度・期待度

③　国（都市）関係者との信頼関係・利害関係

その上で、招致メンバーの国際交渉力が求められることになる。交渉力とはすなわち、経済力と既得権益から生み出される。なぜ、そこで開催するのかといった意義・大義（ビジョン）もしっかりしてないといけない。そうはいっても、最後はやはり、招致側メンバーと投票者側の個人と個人の信頼関係がものをいう。

簡単に言えば、お互い、ファーストネームで呼び合えるかどうか、電話やメールで本音の話ができるかどうか、だろう。

眞下昇さんが2011年招致レースでニュージーランドに敗れたことに言及する。

「おれなんか、日本は最初、ゼロからのスタートぐらいの気持ちで（招致活動を）やったんだ。結果は、日本という国に賛同した人が結構、いるということだった。おれたちの熱意をわかってくれたという実績はあったと思う。それを積み上げていけばいいのだという気持ちになった」

1回目の挑戦がチカラに

日本は2011年招致レースに敗れはしたが、ある程度の人間関係を築くことができた。眞下さんは、ニュージーランドに2011年開催地が決定したIRBの理事会会場で、ある協会の理事からこう、声をかけられた。「ネクスト、ノビ」と。

「おれは、その言葉が励みになった。わかってくれた人もいた、次のワールドカップはお前たちの国だって。おれは森（喜朗）さんにすぐに言ったんだ。また、やりましょうって」

2011年RWC招致を考えると、眞下さんは2019年招致の際、IRB理事との距離感の近さを感じていた。そうなるよう、努力した。例えば、理事会のあとにはみんなでパブに行く。歌のリクエストを受けると、眞下さんは坂本九の『上を向いて歩こう』を熱唱したそうだ。

２００５年11月19日、森さんたちは日本に帰国するや、成田国際空港で記者会見を開いた。森さんはこう、語った。

「ラグビーをグローバル化するための活動は今後も続けていきたい」

IRB 理事を前に RWC 日本大会招致の PR と熱唱をする眞下昇氏（提供：眞下氏）

同年12月のアジア協会理事会（パキスタン）にて、徳増事務局長代理が、アジア協会の「規約改正」を提案。38年ぶりにアジア協会の組織が全面的に改訂されることになった。これは、ＲＷＣの招致を成功させるためには、まず「アジアを変えていかなければいけない」という思いからだった。

２００６年４月、日本ラグビー協会内に「国際委員会」が設置された。委員長には徳増さんが就任した。

同年10月、「日本協会創立80周年記念行事」が開催され、協会会長の森さんがこう、発表した。

「２０１５年、２０１９年ラグビーワールドカップ招致活動をおこなう」

ここから、ワールドカップの招致活動が本格的に始まった。会長の森さんほか、専務理事の眞下さん、理事の河野さん、国際委員長の徳増さんたちが各国・協会を回って、招致アピールやプレゼンテーションを展開した。当然、ロビイング活動も。スコットランド協会やイングランド協会との交流を促進させるため、高校日本代表の遠征も検討したりした。

2007年、第6回RWCが9月から10月にかけて、フランスほかで開催された。大会48試合の総観客数は224万6685人（1試合平均4万6806人）。史上最多だった2003年大会を40万人あまり上回り、収支の黒字額も122億円にのぼった。商業的に大成功したとされた。

大会開催中、森さんほか、眞下さん、河野さん、徳増さんらは、各地で招致活動を展開した。関係者によると、特に森さんは深夜遅くまで関係者を説得するなど、日本ラグビー界の将来のため、身を削ってがんばってくれたそうだ。

大会の成功を受け、大会最終日の前日の10月19日のIRB総会で、保守派のシド・ミラー氏（アイルランド）が会長を辞め、改革派で親日派のベルナルト・ラパセ氏（フランス）が新会長に就いた。日本にとっては、この会長交代が追い風となる。

河野さんがボソッと漏らす。

「シド・ミラーさんから、ラパセさんに会長が代わったのは大きい」

ラパセ新会長は日本に好意的だった。またRWC開催地決定における新たなアイデアが浮上してきた。日本にとっては「ウルトラC」となる2大会のセット開催地決定方式である。戦略家の河野さん、眞下さんが、このアイデアを推進したといわれている。

河野さんは日本ラグビー協会選出のＩＲＢ理事、眞下さんはアジアラグビー協会選出のＩＲＢ理事となっていた。

ほぼ同時期、ラグビー界では、ラパセ新会長の肝入りの７人制ラグビーのオリンピック大会入り運動が始まっていた。２０１６年オリンピック・パラリンピック開催地レースも熱を帯びていた。つまり日本のスポーツ界にとっては、東京オリンピック・パラリンピック招致活動と、ＲＷＣ開催地招致、７人制ラグビー五輪競技入り運動が並行して動いていたことになる。

親交を深めた森喜朗氏（左）とラパセ IRB 会長
（提供：徳増浩司氏）

ウルトラCのセット推薦案

２００８年、５月９日に行われたＩＲＢ理事会において、ラグビーワールドカップ・リミテッド（ＲＷＣＬ）がトーナメントフィーに関する提案を出した。トーナメントフィーとは大会開催保証料で、２０１５年大会は１億ポンド、２０１９年大会では１・２億ポンドだった。いわば「上納金」。この保証料がその後４年間のＩＲＢ

の活動資金となり、加盟各国・協会に分配される仕組みとなっている。

このRWCLの提案審議は、7月8日のIRB特別理事会に持ち越され、以下の2つが同時に決定された。

① RWCの開催国・協会がIRBに支払うトーナメントフィーを2015年大会は8000万ポンド、2019年大会では9600万ポンドとする。前会議より20％減。

② 2015年大会と2019年大会を同時に決定する。

同年8月15日、IRBがRWC開催の意思表明ユニオンを公表した。フランス大会の商業的成功、およびマーケティングの拡大があったからだろう、2015年大会には日本ほか、豪州、イングランド、アイルランド、イタリア、スコットランド、南アフリカ、ウェールズの計8カ国・協会、2019年大会には日本ほか、豪州、アイルランド、イタリア、ジャマイカ、ロシア、スコットランド、南アフリカ、ウェールズの計9カ国・協会が名乗りをあげた。

そういえば、眞下さんはかつて、シド・ミラー会長に呼ばれたことがある。「ノビ、お前らは2019年大会にしてほしい」、そう言われたそうだ。

「おれは最初、冗談じゃないと思った。2011年大会招致レースに敗れたから、次は2015年大会に賭けざるを得ないじゃないかと。でも、結局は、グローバルなスポンサーの問題だと思う。

2回に1回はヨーロッパに開催地を戻さないと、いいスポンサーに逃げられてしまうからだ。とにかく、ラグビーはヨーロッパ中心なんだ」

日本はイングランドと協調することになり、2015年大会がイングランド開催、2019年大会は日本開催という方向性が固まっていく。

勝負の2009年4月上旬、IRBのラパセ会長が日本に来日した。わずか3日間の強行日程だった。

ラパセ会長は日本ラグビー協会会長の森さんほか、麻生太郎首相や御手洗冨士夫・日本経団連会長と会談した。つまりは視察というより、政財界のトップのRWC支援を確認したのだった。

僕はラパセ会長の記者会見を取材した。記者はほんの20人程度、ちょっと寂しい会見だった。それでもラパセ会長は熱く語った。

「政財界の強力なサポートに好印象を持った。日本はアジアのリーダーとして、ラグビーの国際普及、発展を考慮している」

どういうことかというと、日本ラグビー協会は「グローバル化」をRWC招致戦略の軸に据えていた。英国やニュージーランドなどのラグビー伝統国以外でRWCを開催することが、国際普及につながるというロジックだった。だから、当初は香港やシンガポールでも試合をおこなう計画を盛り込んでいた。

たしかに日本にはラグビーのグローバル化という大義はある。だが「観客動員数」と「代表の実力」は心もとない。だから日本はＲＷＣ招致のための代表強化が急務とされた。協会としてまた、国際大会の開催実績や普及プログラム、一貫したコーチングシステムを整備する必要性も指摘されたのだった。

５月８日。日本協会はアイルランドのダブリンにて、ＲＷＣの入札文書『Tender for Asia』（アジアのための招致）を提出した。同時にイングランド、イタリア、南アフリカも提出。

５月13日。ＩＲＢ理事会で、日本協会会長の森さんほか、専務理事の眞下さん、元日本代表監督でニュージーランド代表オールブラックスのジョン・カーワン氏らがＲＷＣ日本開催招致のプレゼンテーションを実施した。

ジュニア世界選手権成功で弾み

２００９年６月、日本でラグビーのジュニアワールドチャンピオンシップ（ジュニア世界選手権）が初めて開かれた。「Ｕ－20（20歳以下）」の国・協会代表で争われる。16チームが参加し、東京や大阪、愛知、福岡、佐賀で試合をした。ジュニア世界選手権と耳にしても、ふつうの人はピンとこないだろう。でも実は、ラグビー界ではＲＷＣに次ぐ大事なイベントなのである。

大会直前、関東ラグビー協会の水谷眞《みずたにまこと》理事長は記者会見で「ワールドカップ招致に向けた最大のプレゼンテーションなんです」と悲痛な声をあげた。「カギは集客、それだけ。とにかくスタンドを埋めなくては。ここで集められなかったら、ワールドカップ開催は無理だよ、無理」

ＲＷＣ開催招致のためにも、日本開催のジュニア世界選手権はどうしても成功させなければいけない。

日本は16チーム中15位に終わった。それもしかたなかった。海外のチームはほとんどがプロ選手主体だった。一般のクラブチームでプレーする選手ばかりで、日本は大学生主体だった。強化システムが違ったのである。

６月30日。ＲＷＣを運営するＲＷＣＬが「２０１５年イングランド」とセットで「２０１９年日本」をＩＲＢの各理事に提案することが承認された。従来の決定方式だったら、目先の利益を優先するため、ＲＷＣ開催地が伝統８カ国・協会の枠から出ることはなかっただろう。

日本はこれまで、さまざまな努力をしてきた。代表強化のため、トップリーグを創設し、育成プログラムも発足させた。「Ｕ－20世界選手権」を赤字覚悟で成功させ、高い運営能力を示した。

ＩＲＢも日本を高く評価した。眞下さんも懐かしそうに振り返る。

「あれは大成功だった。それまでは、オマエたちは世界規模の大会を開いたことはないだろうって言われていたんだから。〝じゃ、やりましょ〟ってなったんだ。ジュニア・ワールドをやるにあたって、（秩父宮ラグビー場に）ホスピタリティルームを造った。エレベーターも造ったんだから。だいたい、その前の会長のシド・ミラーさん。ミラーさんは階段で上まで上がっていった。それが失敗だったかもしれない。ラパセさんの時はエレベーターだったんだ」

「ラグビーの国際化」「アジアへの普及」を掲げ、アジア軽視からアジア重視に軌道修正もした。

7人制ラグビーが2016年オリンピックで正式競技入りに向かっていることも追い風となった。古いスクラップブックを開けば、眞下さんはこう、言っている。

「ラグビーワールドカップの日本開催がラグビー五輪復帰の起爆剤となる。アジアの普及は、将来のマーケット開拓にもつながる」

もっとも、IRB理事はそれほど理想主義者ではない。「2015年イングランド」があってこそ、「2019年日本」にチャレンジできるのだ。したがって、イングランドと日本のセットが否決されると、2019年日本開催は難しくなっていただろう。

日本の最大のネックとなっていた政府保証に関しては、日本ラグビー協会がIRBと交渉の末、日本スポーツ振興センター（JSC）からの助成金で認めてもらうことになった。政府保証とは、いわゆるIRBへの〝上納金〟の9600万ポンド（約135億円）の一部にあたる。日本では政府が直接、そういった支出を保証するというシステムは原則、ない。だから、IRBには、政府保証ではないものをもって政府保証と認めさせた。難題をクリアしたわけだ。

RWC招致活動の成功プロセスを振り返ると、これが一番大きかったかもしれない。要は、国際メガ・スポーツイベントの招致にはいろんな工夫が求められるということだろう。

セット推薦案を承認

セット推薦案は7月28日の理事会にて審議されることになっていた。理事26人の投票で過半数の賛成が得られれば、『2015年イングランド・2019年日本』が決定する。否決されると、大会ごとの立候補すべてを対象とした投票に移ることになっていた。

第1章の冒頭のごとく、IRBの推薦案は、賛成16、反対10で承認された。

勝因はいくつもあろう。だが、日本は2回目の挑戦において、1回目のそれと比べ、アジアの他国との距離が近づき、支援を受けた。開催計画もブラッシュアップされた。日本の招致サイドの個人と理事個人との信頼関係も深まった。

加えて、日本にとって、やはりIRBのセットの推薦案が秀逸だった。

森さんはしみじみと漏らした。

「悲喜こもごも、日本にとって、いいことも悪いこともあったけれど、それがすべてワールドカップ2019日本大会につながった。いいめぐり合わせだったと思う」

なお、2009年10月2日、デンマークのコペンハーゲンで行われた国際オリンピック委員会（IOC）総会で、東京は2016年オリンピック開催地決定において、2回目の投票で落選した。だが9日、男女の7人制ラグビーが、2016年五輪の追加競技に採用されることが決まった。

その年のIRB理事会でラパセ会長は満面の笑みで言ったものだ。「ラグビーがオリンピックにはいれたのは、ミスター・コウノ（河野さん）たちジャパンのおかげだ」と。

最後にラグビーワールドカップを通し、日本ラグビー界に期待することを聞けば、森さんは微笑

IOC 委員と談笑する森喜朗氏と河野一郎氏（提供：河野氏）

みをうかべた。

「僕は単純に子どもたちにラグビーを好きになってほしい。タッチラグビーでもタグラグビーでも、子どもたちはやれば好きになると思う」

森さんは、いつも色紙にサインをする時、「楽しく、苦しく、美しく」という言葉を添える。「楽苦美」、つまり「ラグビー」である。

「ラグビーとは、そういうものだ。ラグビーは、不思議な魅力、闘争心、仲間づくりの精神を持っている。小さいころからラグビーをやることで、敢闘精神や戦う力、友情を育み、協力しあって前に進もうということを自然に学ぶことになるんだ」

そうだなあ、と森さんは目を細めた。

「日本中の子どもたちがボールを持って走り回っている光景が夢だな」

第二章

日本代表の挑戦

〈ラグビーのポジション〉

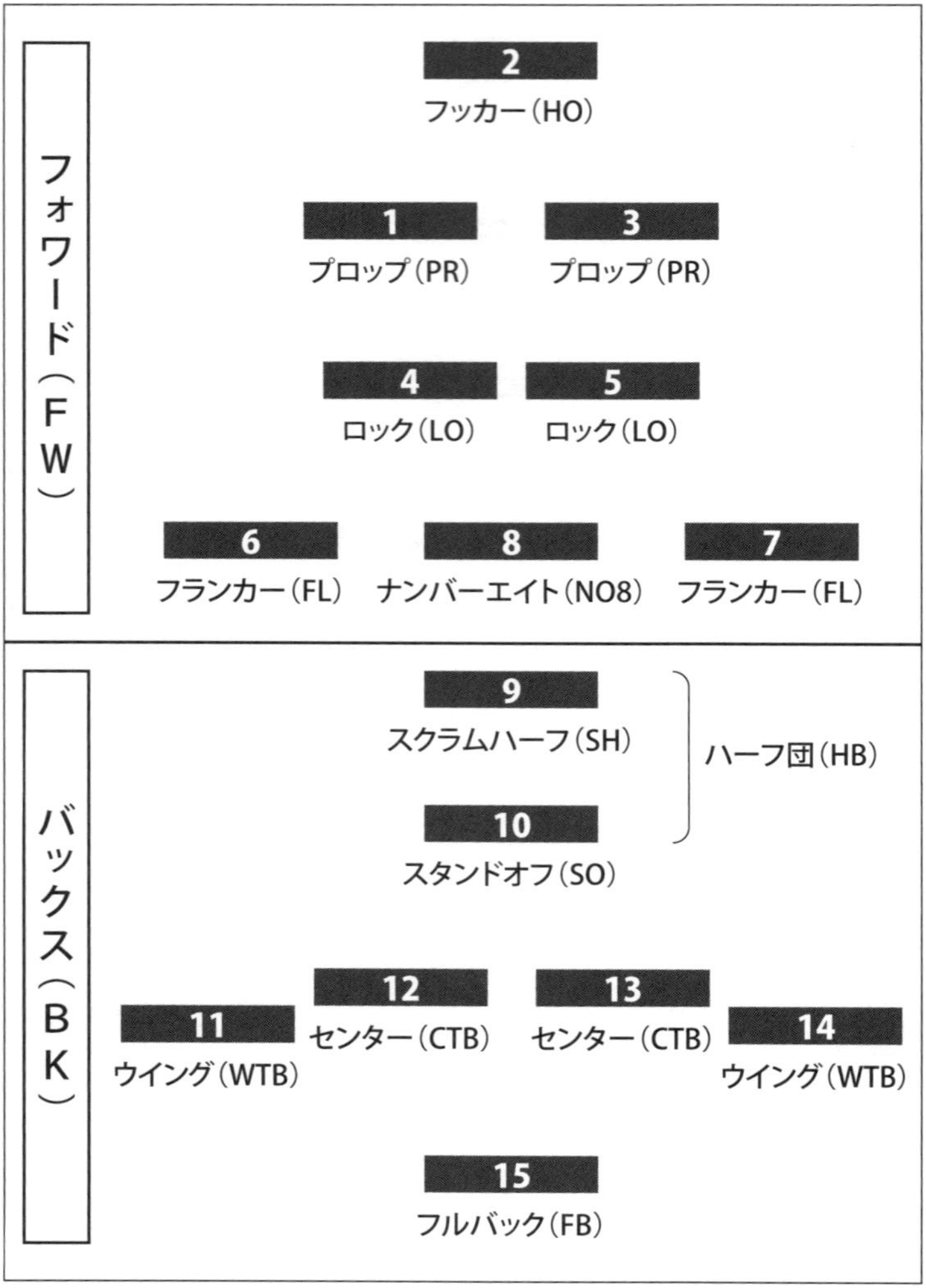
フォワード（FW）
2
フッカー（HO）
1
プロップ（PR）
3
プロップ（PR）
4
ロック（LO）
5
ロック（LO）
6
フランカー（FL）
8
ナンバーエイト（NO8）
7
フランカー（FL）
バックス（BK）
9
スクラムハーフ（SH）
10
スタンドオフ（SO）
ハーフ団（HB）
11
ウイング（WTB）
12
センター（CTB）
13
センター（CTB）
14
ウイング（WTB）
15
フルバック（FB）

1　RWCで日本の目標はベスト8進出

2019（平成31）年、いよいよラグビーワールドカップ（RWC）イヤーが明けた。アジアで初開催となる同大会が9月20日～11月2日の日程で、全国各地で開かれる。「地の利」があるラグビー日本代表の目標は、初めてのベスト8進出――。

ジョセフ流戦術とは

4年前のRWCイングランド大会では、日本代表は優勝候補の南アフリカに番狂わせを演じて世界のラグビーファンを驚かせた。勝ち点の関係で決勝トーナメント（ベスト8）へは進めなかったが、3勝1敗の好成績を残した。当時のエディー・ジョーンズヘッドコーチ（HC、現イングランド代表HC）のチーム作りを振り返ると、要因をひとことで言えば、「正しい準備とハードワーク（猛練習）」である。

では、ジョーンズHCのあとを受けたジェイミー・ジョセフHCのチーム作りはどうなのか。ラグビーのベースとなるフィジカルのアップ、セットプレー（スクラム、ラインアウト）の強化は同じなれど、戦術が少し違う。細かいパス回しとスピード豊かなつなぎを目指したジョーンズ前HCと

「ONE TEAM」をスローガンに結束を固める日本代表。
2019年8月のトンガ戦の試合前。

違い、ジョセフHCとアタックコーチのトニー・ブラウン氏は主として「キックも有効に使い、アンストラクチャー（崩れた局面）な状況をつくりアタックをしかける」戦術を標榜してきた。つまりスペースへのキックを駆使し、つないでいく。

だが日本はキックより、ボールを素早くつなぐスタイルのほうが合っているのではないだろうか。いずれにしろ、日本のもつ俊敏性を生かし、〝これで勝負する〟という戦い方の徹底はマストである。

ディフェンスは確実にレベルアップしている。全員が鋭く前に出る。ディフェンスコーチのジョン・プラムツリー氏、スコット・ハンセン氏らの指導のもと、高速のディフェンスシステムは機能しつつある。それぞれが自分の役割を理解し、互いの連係を意識しながら、プレッシャーを相手に与えつづけている。

肝心のスクラムは、スクラムコーチの長谷川慎《はせがわしん》氏のキメ細かい指導のもと、8人結束の安定スクラムが形づくられつつある。

開幕戦相手のロシアには逆転勝ち

RWC日本大会を控えているからだろう、世界ランキング11位（2019年1月時点）の日本代表のマッチメイクは奇跡のようなカードが実現した。2017年はティア1（世界のトップ10）の世界ランク2位のアイルランド代表と2戦（●22―50、●13―35）、同6位のオーストラリア代表（●30―63）、同8位のフランス代表（△23―23）と戦い、18年には世界ランク15位のイタリア代表と2戦（○34―17、●22―25）、世界ランク1位のニュージーランド代表（●31―69）、同4位のイングランド代表（●15―35）とも対戦した。

日本代表は健闘した。王者ニュージーランドから5トライを奪い、敵地でのイングランド戦では前半を15―10とリードした。興味深かったのはイングランド戦で、日本代表は前半、キックを減らし、ボールを素早いパスでつないだ。日本の前半のボール保持率は「69％」と高い数字を示した。

ただ体力が続かなかった。キックに加え、不用意なペナルティーも相次いでとられ、後半のボール保持率は58％に落ちた。キックを効果的に使うなら、前提として相手のバック3（フルバック、両ウイング）を崩し、キックの精度、キックを追うキックチェースの厳しさを高めなければならない。たとえボールを敵に渡しても、敵陣で素早く重圧をかけて奪い返さないと意味がない。

2018年最後のテストマッチ（国別代表戦）が、RWCの初戦であたるロシア戦だった。日本の出来が悪すぎた。ボール争奪戦で相手得意のフィジカル勝負につきあい、ハンドリングミス、ペナルティーを連発した。キックを多用し、前半のボール保持率は39％（後半は54％）だった。だが後半は、持ち味の早いテンポのラグビーを取り戻し、32―27と逆転勝ちした。世界ランク20位のロシアも力を付けている。

レフリングの対応も課題

2018年の年の瀬の総括会見で、ジョセフHCはチームの成長に手応えを示したうえで、「世界の強豪に絶対、勝てるんだという信念を持たないといけない」と言った。

「引き続き、スキルアップ、ストレングス（強度）アップを図り、コンディションも整えていかないといけない。日本は経験不足、サイズ不足、フィジカル不足だから、強豪国はそこを狙ってくる。とくにスクラム、モール……。もっと厳しい試合をして、経験値を上げていかないといけません」

HCの言葉通り、日本の課題ははっきりしている。まずはスクラムとラインアウト、ボール争奪戦のブレイクダウン（接点のボール争奪戦）の強化である。ラインアウトについては、もう1人、2人、強力なジャンパーがほしい。ムーブ（サインプレー）、ジャンプのスピードと精度も課題だ。

バックスは、ゴールキックの安定性のほか、キックやキックチェース、アタック、ディフェンスの連係、プレーの精度。そして、ディシプリン（規律）。大きな舞台になればなるほど、ペナルティーの有無が勝敗に影響を及ぼすことになる。レフリーの対応も含め、国際レベルのレフリングをもっと学ぶ必要がある。とくにブレイクダウンでの反則が多すぎる。

加えて、選手層の厚みだろう。前回のＲＷＣで大活躍した五郎丸歩（ヤマハ発動機）は代表チームにはいない。代わって、天賦の才を授かった松島幸太朗（サントリー）が成長し、フランカーのリーチ・マイケル主将がさらにパワーアップ、プロップ稲垣啓太《いながきけいた》、ウイング福岡堅樹（ともにパナソニック）がインターナショナルレベルの選手となった。若手では、フランカー姫野和樹（トヨタ自動車）ほかフッカー坂手淳史《さかてあつし》（パナソニック）、プロップ具智元《グ・ジウォン》（ホンダ）、センター中村亮土《なかむらりょうと》、梶村祐介《かじむらゆうすけ》（ともにサントリー）らが台頭してきた。

けがで戦列を離脱していたフッカー堀江翔太《ほりえしょうた》（パナソニック）、不祥事をおこしたＮｏ８、アマナキ・レレイ・マフィ（ＮＴＴコミュニケーションズ）も戻ってきた。ＲＷＣでは、スタンドオフの田《た》村優《むらゆう》（キヤノン）が光り輝きそうだ。

日本は声援を味方にベスト8へ

日本は２０１９年、２月に始まるスーパーラグビー（ニュージーランド、オーストラリア、南アフリカ、アルゼンチン、日本のクラブチームでおこなわれる国際リーグ戦）のサンウルブズを主な強化の場と位置づけ、強度の高い試合において個々のレベルアップを図っていく。日本代表のＲＷＣメンバーは31人。本格的なＲＷＣ準備は６月に始まった。

日本代表は7月、8月、パシフィックネーションズ杯でフィジー代表（○34―21）、トンガ代表（○41―7）、アメリカ代表（○34―20）と戦い、9月のRWC直前には南アフリカ代表と対戦した。

RWC本番では、日本代表は開幕戦でロシア代表と戦い、世界ランク上位のアイルランド代表、強豪のサモア代表、スコットランド代表と対戦。躍進のアイルランドは2018年11月、ニュージーランドにも勝っている。エースのSOジョニー・セクストンはワールドラグビー18年最優秀選手にも選ばれた。

日本代表としては、ロシア戦は自分たちのアタック、スタンダードをきっちり出すことができれば問題はなかろう。アイルランドに対しては、我慢のディフェンスと一発サインプレーのアタックの精度で勝負を挑みたい。スコットランドは接点で圧力負けしなければ、勝機は生まれる。ラグビーという総合力で勝つ。サモアはセットプレーで圧力をかけ、ディシプリンで優位に立つ。

試合間隔など、日程には恵まれている。ファンの声援を力にし、「ONE　TEAM」になれるかどうか、である。

2　ジェイミー・ジャパンの挑戦

吉田　宏（元サンケイスポーツ ラグビー担当記者）

日本が舞台となる初の〝祭典〟で日本代表の指揮を託されたジェイミー・ジョセフ・ヘッドコーチ（HC）は、異色の経歴を持つ。

母国のニュージーランド（NZ）代表として1995（平成7）年のラグビーワールドカップ（RWC）南アフリカ大会に出場して日本代表を145―17と粉砕すると、大会後は日本のサニックス（現宗像サニックス）でプレー。当時の代表選手規約をクリアして、日本代表として4年後の99年ウェールズ大会でプレーした。オールブラックス（NZ代表チームの愛称）としての誇りを持ち、その一方で日本人のハートを知り、その文化を身をもって理解する男が、陣頭に立って日本ラグビー界の悲願達成に挑戦する。

ミッションは「ベスト8以上」である。

効率的なキック活用に戦術転換

イングランド大会までのチームと最もかけ離れたジェイミー・ジャパンの特徴が、戦術的なキックだ。このスタイルには、すでに16年秋のHC就任時から触れている。

元ニュージーランド代表、元日本代表の選手経験を持つ
ジェイミー・ジョセフHC

「世界のラグビーの傾向をみていると、その1つがキッキングゲームです。相手のストラクチャーを崩すために、キックを使う要素が試合の中で多くなっている。そのキッキングでも、一定のエリアでボールをしっかり動かしていけるチームが、これから勝てるチームだと思う。その部分でも日本代表がもっと自分たちの持っているものを生かし、強みにしていけるチームに鍛えたいと思います。もちろんキックの技術も、現状以上に求められると思うので、3年間をかけて強化していきたい」

RWCイングランド大会で日本代表をプール戦3勝に導いたエディー・ジョーンズHCが作り上げたのは、ボールを動かし続け、相手防御の破綻を突いてスコアを狙うスタイル。シェイプといわれる攻撃の形を複数用意して、HB団がどのシェイプを使うかを選択しながら攻撃を継続する。いわゆるポゼッション・ラグビーが根幹だった。だが、ジェイミー流は、ジョーンズHCの真逆のプレーを追求する。あえてキックでボールを手放すラグビーだった。

これは、エディー時代の2015年までと、15年大会当時のトレンドの違いと見ることもできる。ラグビーの防御がよりシステマチックに進化しているのが、この10年、20年の傾向だ。個々の判断やタックル能力だけに依存する防御ではなく、グラウンドに立つ15人それぞれに明確な役割が与えられ、70メートルの横幅において隙間を作らずに守るために、様々な防御システムが考えられている。見方を変えれば、従来のアタックでは防御の裏に出ることが刻々と難しくなってきているのが最先端のラグビーだ。

あえてカオスをつくれ

その防御の進化を打ち破るための1つの手段がキックだという考え方が広がり始めている。もちろん、エディーがボールポゼッションに重きを置くように、コーチ個々の個性がチームスタイルに反映される。ジョセフHCの場合は〝右腕〟として、ハイランダーズ（スーパーラグビーに参加するニュージーランドのチーム）時代からコンビを組むトニー・ブラウン・アタックコーチの影響が大きいはずだ。オールブラックスでも18キャップを持ち、三洋電機（現パナソニック）でも中心選手として活躍したブラウン・コーチが、現役時代にFL顔負けのハードタックルとともに武器にしていたのがキックだった。そして、このジェイミー&トニーコンビで15年スーパーラグビーを制覇したハイランダーズが用いたのが、キックを活用したアタックだった。

こだわったのは、キックボールを捕球した相手に防御でプレッシャーをかけて、①ボールを奪う、②タッチキックに追い込みラインアウトを獲得する、③相手のミスを誘うことにより再び攻撃権を奪い取る――という挑戦的な戦術だった。当然のことながら、キックを使うことは相手を敵陣に押し戻すメリットもある。

キックを駆使して相手に重圧をかけて、試合をアンストラクチャー（崩れた局面）な状況に持ち込むスタイルに、指揮官は「カオス」というキーワードを使う。古代ギリシア語を語源とするカオスは混乱、混沌を意味する。宇宙や秩序を意味するコスモスと対峙する言葉だ。その秩序、つまりストラクチャーをベースに戦術が組まれるのがセオリーだったラグビーを、カオスな状態に陥れるのが最先端のトレンドであり、ジェイミー流のエッセンスだ。

一見すると、体が小さい日本人が自らボールを手放すことにはリスクがある。だが、日本選手の特徴を知り尽くす指揮官は、日本人の性格や特性までをも踏まえて、新たな戦い方を日本代表のスタイルとして完成させる挑戦をスタートした。

「準備」――自信つかんだ2016年秋シリーズ

ジョセフHC同様に現役時代に日本チームで活躍して、ジャパンを率いたのがジョン・カーワンだった。07年、11年RWCで日本代表の指揮を執ったカーワンHCから当時聞いた印象的な話がある。現役時代は世界的なスーパースターとして活躍した同ＨＣだったが、日本人が強豪国の選手と比べても際立つ特性をみせるのが勤勉さだと語っていたのだ。カーワンＨＣは「賢さ」と表現していた。

与えられた仕事を忠実に実行して、たとえ困難なミッションでも最後までやり遂げる。１人ではできないことは、複数でチームとして連携し、機能して達成する。この勤勉さが、プロ化が進み、15人の緻密な連携や役割分担が求められる最先端のラグビーでは、従来以上に価値のあることに転じつつある。以前は個人の能力に頼っていたエリアも、よりシステマチックに組織で機能することに取り組んでいるのがトップレベルのラグビーだ。そこに日本代表が世界で戦える可能性が芽生えていることを、当時のカーワンＨＣは理解していたのだ。

当然、エディー・ジョーンズＨＣも、この日本人の特性には注目していた。その性格を、エディー流のポゼッション・ラグビーや、早朝から黙々と練習をし続けるハードワークに活用してきたのだった。

そしてジェイミー体制では、蹴ったボールを各選手が明確な役割を持ちながら追走して、相手に重圧をかける勤勉さを選手に求めた。相手に簡単にボールを捕球されても、フェーズ（連続して攻撃している回数）を重ねられても、しぶとくプレッシャーをかけ、ボールを取り戻すことを目指した。

ジョセフＨＣが就任したばかりの２０１６年秋の代表戦でハイライトとなったのが、カーディフ

ウェールズ戦（2016年）で活躍する
日本代表のアマナキ・レレイ・マフィ

で行われたウェールズ代表戦だった。

　ラグビー界では、世界のトップ10クラスの代表チームを「ティア１」、日本など、それに続く世界ランキング10位台の国を「ティア２」と呼んでいる。ウェールズ代表は常にティア１の上位に位置する強豪国。ほぼ満席の７万３９６９人の観衆で埋まったプリンシパリティー・スタジアム（ミレニアム・スタジアム）での一戦は、日本代表メンバーにとって、国内はもとより過去のワールドカップでも経験したことがない大観衆の前でのテストマッチとなった。

　この試合で、いきなりジョセフ流のラグビーが機能した。以前ならセットプレーやキックカウンターから、簡単に防御を破られトライを許していた日本代表だが、この日は違っていた。ひざ下に食い込むチョップ・タックルに、大きな相手には２人がかりのダブル・タックルでウェールズの攻撃を寸断。ボールを獲得すると、キックで相手を揺さぶり、トライチャンスにはウェールズ伝統のパス・ラグビーをも上回るスピードに乗ったアタックを披露した。

ウェールズ代表は〝エディー・ジャパン〟時代の13年6月に秩父宮ラグビー場で歴史的な初勝利（23―8）を果たした相手だが、その当時の若手中心の編成とは異なり、今回は世界屈指のＦＬだったサム・ウォーバートン主将はじめ、ＣＴＢジョナサン・デービス、ＷＴＢリー・ハーフペニーら同代表の主力メンバーが出場。なによりも同代表にとっては無様な試合が許されない本拠地カーディフでの真剣勝負だった。そんな緊張感の中で、ジェイミー・ジャパンは目の肥えたカーディフのラグビーファンもどよめかせた。

結果は30―33と金星にあと1歩及ばなかったが、試合後に取材に応じたＨＯ堀江翔太共同主将（パナソニック）の表情は自信に満ちていた。

「選手全員が自分たちの戦術戦略を信じていましたし、自分たちの仕事を全うすれば絶対にいい結果に転ぶと、みんなわかっていた。毎試合毎試合良くなっているのは、そこじゃないかと思う。代表は準備期間が多くないので、一人ひとりが自分の役割をしっかりと理解できれば、もっと良くなると思う。僕自身はこの結果が悔しいですけど、短期間でもこれぐらいできたことは、この戦略戦術が素晴らしいものだからだし、日本人の良さが出ていると思う。もっと細かい部分を詰めていけば、さらにいいものができる」

この遠征では〝準備〟も、ジャパンのキーワードだと感じられた。

深み増すアンストラクチャー・ラグビー

２０１６年の秋シーズンは、秩父宮ラグビー場で行われたアルゼンチン代表戦に20―54と完敗したが、敵地で行われたジョージア代表戦では、欧州屈指の強力ＦＷを誇る相手に28―22と競り勝ち、ウェールズ代表戦では30―35とウェールズを追い詰めた。堀江が指摘したのは、対戦相手に比べて、より組織的に戦う日本代表にとって、準備にかける時間が重要だということだ。アルゼンチン戦は国内リーグを中断して代表チームが集まってからわずか６日しか準備期間がなかったが、その後に準備（合宿）を重ねたジョージア戦、ウェールズ戦ではチームが機能して好ゲームを見せている。

準備が順当ならいい試合ができるのは、どのチームも同じことだ。しかし、個人のパワーや能力では上位国に分がある歴代の日本代表にとっては、他国以上に、より組織力、コンビネーション、コミュニケーションの熟成が勝利への大きな武器になることを考えると、その重要性は変わってくる。４年前の開幕戦で世界を驚愕させるパフォーマンスを見せることができたのも、南アフリカ代表の〝慢心〟と同時に、日本に〝準備〟というアドバンテージがあったからだろう。

キックを駆使したアンストラクチャー・ラグビーだが、首脳陣は翌シーズンには早くも修正を加えている。深みを加えていると表現したほうが適当だろうか。

日本代表は17年６月、ＲＷＣで同プールでの対戦が決まったばかりのアイルランド代表と国内で２試合をおこなった。相手は主力メンバー11人がブリティッシュ＆アイリッシュ・ライオンズのＮ

Z遠征に参加していたため若手主体の布陣だったが、半年前にウェールズを苦しめたジェイミー・ジャパンのアンストラクチャー・ラグビーは十分な威力を見せられなかった。

このラグビースタイルを日本代表に落とし込んだブラウン・アタックコーチは「キックする選手の、いつ、どこで蹴るのかという判断力と技術が重要で、同時にボールを追う選手たちの反応や理解度も欠かせない」と、この戦術の難しさを指摘したが、アイルランドとの第1テストマッチではキックを選択する判断や、キックに反応した組織的な動きで精彩を欠いていた。

第2テストマッチを見ると、16年シーズン以上にパス（ラン）で攻める場面が増えていた。闇雲なキックを減らして、キックであれ、パスであれ、空いているスペースにボールを運ぶためにベストな判断を選択した攻撃が目立っていた。この戦い方は、同年秋の欧州遠征でも顕著に見ることができた。過去に1度も勝てなかったフランス代表とのテストマッチでは、攻撃の多くはボールをパスで積極的に動かして23―23のドローに持ち込んだ。この試合は、ボールポゼッション、テリトリー、パス回数やタックル成功率と、多くのスタッツで日本がフランスを上回った。日本代表が、残り10分を切って奪った同点トライ後のコンバージョンを外して勝利こそ逃したが、内容的にも史上初のフランス戦勝利に値する戦いぶりだった。

16年のカーディフではキック主体のアタックでウェールズをカオスの状況に落とし込み、17年のナンテール（パリに隣接する試合会場）ではパスでボールを動かしてフランスを苦しめた。この2つの戦術を見せたことが、開幕が近づくＲＷＣ日本大会の対戦相手にプレッシャーを与えることになる。

この勝利に等しいドローでは、防御面でもジャパンの進化が見てとれた。

16年シーズンの代表戦（ジョセフHC就任前も含む）では、実力差が大きいアジア勢との試合を除くと、1試合平均得点が22・6だったのに対して失点は30・9。勝つためには、失点を20以下に抑えたい。防御力強化のために、ジョセフHCはディフェンス担当コーチとして、スーパーラグビー・ハリケーンズのコーチを務めるジョン・プラムツリー（現ハリケーンズHC）を招いた。NZ出身のプラムツリーは、南アフリカ・シャークスのHCとして12年にはチームをスーパーラグビー準優勝に導くなど手腕を発揮。ハリケーンズでも威力を見せてきたラッシュアップ・ディフェンスを、日本代表にも落とし込むことで防御力アップをめざした。

ラッシュ・ディフェンスは、過去の日本代表でも使われたシャロー・ディフェンスにも共通する、相手との間合いを素早く詰めることが特徴だ。17年春まで防御担当コーチを務めたベン・ヘリングも、チームには素早く上がるディフェンスを指導していたが、プラムツリーの加入で、さらに前に詰める防御が顕著になった。防御システムの熟成は時間のかかるものだが、この秋の代表戦で早くも効果をみせた。世界選抜戦、オーストラリア代表戦では、セットやブレイクダウンからの飛び出すようなライン防御を披露。まだ粗さもあり2試合で16トライを許したが、続くトンガ代表戦でトライを許さず快勝すると、フランス代表戦では相手を2トライに封じ込んだ。

躍進の2018年

2018年。ジェイミー・ジャパンは秋、ニュージーランド代表オールブラックスと戦い、31―69で敗れた。過去5戦（全敗）で計4トライだったNZから5トライを奪った半面、大量10トライを許した。収穫と課題を抱え、イングランドに乗り込んだ。

スポーツは歴史である。銀杏の落ち葉舞う、初冬のロンドン郊外。ラグビー日本代表は、史上初めて、そのラグビーの母国、聖地トゥイッケナム・スタジアムで強豪イングランド代表に挑み、8万1000余の大観衆を沸かした。逆転で敗れたとはいえ、日本ラグビー史に新たな1ページが刻まれた。

まぶしい光景だった。11月17日。後半、イングランドはエースのCTBオーウェン・ファレルを投入してきた。ほぼ満員の観客席がどよめく。日本がペナルティーを連発。観客が歌いだしたイングランドの有名な応援歌『スウィング・ロウ・スウィート・チャリオット』の歌声がうねりとなり、スタンドを揺るがした。

リーチ・マイケル主将は「初めての体験。この雰囲気の中でラグビーができて、すごく楽しかったです」と充実感を漂わせながら、こう続けて記者を笑わせた。

「昔、（家庭用）ゲーム機があって、イングランド代表と戦う時、この歌がかかっていた。それを生で聞けて、すごくよかったです」

この試合の歴史的な意義は大きい。1871（明治4）年にイングランド協会が設立され、遅れ

ニュージーランド戦（2018年）で
快走をみせた日本代表の福岡堅樹

ること半世紀の１９２６年、日本協会は創立された。ラグビーの母国に憧れていた日本代表が初めてその聖地に招かれた。確かに２０１９年、ＲＷＣが日本で開催されること、イングランド代表のエディー・ジョーンズＨＣが日本の指揮官であったこととは無関係であるまい。が、日本はその強豪を崖っぷちに追い込み、本気にさせた。

この試合のチームスローガンを聞けば、リーチはこう、小声で繰り返した。

「ぶちかます、ぶちかます、ぶちかます」

体格でまさるイングランドがフィジカル勝負でくるのはわかっていた。だから、日本もそこに真っ向勝負を挑んだ。先のニュージーランド戦の課題を踏まえ、この2週間、接点のボール争奪戦を徹底して練習してきた。とくに2人目の寄り、相手を弾き飛ばすクリーンアウトである。日本はそのブレイクダウンで互角にファイトした。

ボールが密集から素早く出れば、日本の攻撃にリズムが生まれる。２０１５年ＲＷＣの南アフリカ戦のようにボールをクイックでつないだ。ＳＨ田中史朗《たなかふみあき》の述懐。

「球出しの部分がよかった。本当にフォワードが素早い動きでセットして、前に出られた。相手を焦らすことはできました」

リーチはこうだ。

「ブレイクダウン、だいぶ成長したなと思う。2人目の寄りが早かったです」

戦術として、相手の切り返しを避けるため、キックを減らし、ボールをパスでつないでいくプランだった。もうひとつの試合のスローガンが『ジャパン・スマート』だった。相手のスペースをみつけ、〝かしこく〟との意である。前半の日本のボール保持率は、「69％」と高い数字を残した。

前半は基点であるスクラム、ラインアウトが安定していたこともある。相手のHOがシンビン(10分間の一時退場)となって数的優位に立った時間帯の前半22分、ゴール前のマイボールスクラムからのサインプレーで、SH田中がフラットパスをCTB中村亮土に通し、そのままインゴールに飛び込んだ。ゴールも決まり、10―7となった。

このスクラムを組む直前、NO8姫野和樹がスパイクで足場を何度も固めていた。ヒット勝負、8人一体の意識が高かったことの証左である。

中村は「血がたぎるというか、ワクワク感がすごかった」と振り返った。「このプレッシャーのあるスタジアムでしっかりプレーできたのがよかったと思います。それが一番の収穫です」

その9分後、日本はボールを右に回し、WTB山田章仁《やまだあきひと》が切れ込んで、外にうまくスペースをつくり、タックルを受けながらも外のリーチにパス。リーチが鬼の形相で4人を弾き飛ばして、右隅に躍り込んだ。みごとなトライである。実は2日前に持参したバリカンでいつもより短めに髪の毛をカット。気持ちも入ったのだろう、神がかり的な暴れっぷりだった。経験値ゆえか、リーチも田中も山田も福岡堅樹も大舞台でより力を発揮する。

惜しかったのは前半の終盤、敵陣のチャンスをつかみながら、SO田村優がパスに反応できなかったことである。連係ミスか。いわゆるジェイミー・ジョセフHCがよく口にする「ソフトモーメント（集中力が欠けてしまう瞬間）」である。

前半を15—10で折り返した。ブレイクダウン、ラインアウト、前に出るディフェンスなど、成長の跡は見えた。だが、ラグビーは80分間で戦うものだ。後半、ギアをあげてきたイングランドから得点を奪うことはできず、逆に3トライを献上した。

とくに後半の序盤。日本はハイプレッシャーを受け、ペナルティーを連発した。疲労ゆえか運動量が落ち、試合の流れを相手に渡した。プレーの精度、連係が乱れた。自滅に近い格好だった。

課題も露呈した。突っかけるタイミングと間隔を変えてきた相手のスクラムへの対応力、キックの精度、パントキックの処理、モールディフェンス……。結局、15—35でノーサイドである。イングランド戦はこれで9戦全敗となった。

リーチ主将は感想を聞かれ、短く言った。

「ガッカリ」

ジョセフHCは「学びがあった」とポジティブにとらえた。手応えはつかんだものの、続けてこう話した。

「強いチームはビハインドになるとインテンシー、強度をガーッと上のレベルに上げることができる。その相手にペナルティーをせず、食らいついていかないといけない。それが大きな課題。後半、判断、精度が落ちてしまったところがあった」

ブレイクダウンの寄りも遅くなった。さらなる体力アップ、集中力の持続力、選手層の底上げも課題である。

もっともRWCに向け、チームの強化は順調とみていい。1週間、2週間で対戦チームに合わせて準備ができたことをとらえ、山田はチームの成長をこう、説明した。

「選手の理解力、遂行力は非常に上がっている。みんな、スイッチの入れ所が1個2個増えてくると思うので、チームがどう伸びていくか楽しみですね」

故障明けのPR具智元は復活をアピールした。

「こんな舞台、人生で最後かもしれない」と興奮気味に話した。

「緊張したけど、すごく楽しかった。まだまだ。来年（のRWC）に向け、もっともっと強くなりたい」

試合前、「神様にただ、祈れ」と日本代表を挑発していたイングランドのジョーンズHCは会見で、日本の印象を聞かれた際、笑いながら日本語でこう、答えた。

「スバラシイネ。ホント、ヨクナッタ」

この試合の歴史的な意味は？　と質問すれば、今度は英語でこう、続けた。真顔で。

「日本は、8万人の観衆の中、ラグビーの聖地でイングランドと戦う真のラグビー国となった。日本のメディア、日本のラグビー界にとって、誇りとなるだろう」

〈この項「躍進の2018年」は、初出＝Webスポルティーバ「松瀬学コラム」(集英社) 2018年11月19日〉

勝負の2019年

ワールドカップ・イヤーの代表強化は、従来以上の時間をかけておこなわれた。
6、7月に合計33日間おこなわれた代表候補による宮崎合宿は、午前8時半からのウェートトレーニングに始まり、午前午後、そしてナイトゲームが多いRWC日本大会も踏まえたナイター練習まで、多いときは1日4部、5部練習もおこなわれてきた。ベテランのSH田中史朗（キヤノン）も「間違いなく、エディーさんの時代よりキツイ」と苦笑するほどの厳しい合宿だった。
残念ながら、報道陣に公開されるのは1日1回の練習のみと限定的だったため、非公開の部分でどのような練習に取り組んだかは推測の領域だが、公開練習で垣間見られたのは、ボールをより積極的に、よりスピーディーに動かす戦い方だ。

グラウンドでは日本代表の武器である相手のひざ下を狙ったチョップ・タックルや、そこから派生するダブル・タックルなどによる組織的な防御、一度倒された選手がグラウンド上のボールを持ち直して再び攻撃を仕掛けるダブルアクションなどのスキルアップと、これらのスキルを使いながらの、フルコンタクトも含めた実戦練習が繰り広げられた。

技術面では、ダブルアクションに加えて、オフロードパス、ポップと呼ばれる味方選手にボールを浮かせるプレーに積極的に取り組んでいた。伝統的にラックを作りながらボールを動かすのが日本代表のスタイルだが、これらの技術で、ラックすら作らない、より速いテンポのアタックも視野に入れているように見えた。


宮崎合宿最終日の7月17日には、ジョセフHCはパシフィックネーションズカップ（PNC）の出場メンバー31人を発表。FLリーチ・マイケル、SO田村優（キヤノン）、WTB福岡賢樹（パナソニック）と主力が順当に選ばれる中で、前回RWCにも出場したベテランPR山下裕史《やましたひろし》（神戸製鋼）らが落選した。

8月に網走で予定されているRWCメンバー確定前最後の合宿で、再びメンバーを40人前後に増やす可能性も残すため、今回の選外がRWC出場の可能性を絶たれたわけではない。指揮官も「このメンバーがPNCでいいプレーをすれば、替えようがないし、もしよくなければ替えることもある」と語ったが、実質上、今回の顔ぶれがベースとなる可能性が高い。

心配なPR、LO、SO

メンバーリストを眺めて気がかりなポジションはPR、LO、SOあたりだろうか。

PRについては、ジョセフHCも「フロントローは（合宿で）けが人がでたので、すでに実力のわかるメンバーよりも新しい選手を試してみたいと考えた。海外遠征なら多めに選手を選んだが、いまは国内での試合なのであえて4人しか選ばなかった」と語っているように、あまりにも多くの候補選手がけがで合宿を離脱。PNCメンバーにはわずか4人しか選ばれていないが、RWC本番では5、6人の枠になるはず。今後の負傷者の回復具合次第だろう。

LOでは、RWCでの活躍が期待されるグラント・ハッティング（神戸製鋼）が、けがのためにメンバーから消えている。身長201センチ、体重115キロのサイズながら、FW3列でも機動力を見せる柔軟なランプレーと、オフロードパスなども織り交ぜるハンドリングは、対戦相手にとっては大きな脅威になる。自ら攻撃を仕掛けるプレースタイルの影響もあり、けがが多いのが難点になる。メンタル的にもけがが、痛みに弱いと指摘する関係者もいるだけに、心身ともに万全の状態に戻せるかが注目される。ハッティングの動向は、RWCでの日本代表の戦いぶりにも大きな影響を及ぼす可能性を秘めている。

そして司令塔のSOだが、いまや不動の10番と位置づけられる田村と松田力也《まつだりきや》（パナソニック）が順当にメンバー入り。前回RWCを経験する田村は、ゲームを組み立てる能力、ジェイミー・ジャパンには欠かせない戦術的なキックと、円熟期を迎えている。しかし、15年のRWC以降の背番号10のセレクションを振り返ると、個人的には残念な思いがある。

アジア勢との対戦を除く日本代表戦は18年シーズンまでの3シーズンで21試合。そのうち先発回数では田村＝17、松田＝2、現在代表を離れる小倉順平《おぐらじゅんぺい》（NTTコミュニケーションズ）＝2となる。もちろん、SOが重要なポジションであれば、他の選手とのコンビネーション、コミュニケーションを実戦で培いたい。

その一方で、ゲームメーカーという役割は、実戦で経験を積むことが欠かせないポジションだ。小野《おの》晃征《こうせい》（サントリー）という視野の広さと高い判断力を持つ司令塔がけがなど様々な理由で代表に呼ばれない状況の中では、現在のSO選考には異論はないが、松田にしても、ラグビーワールドカップトレーニングスコッド（RWCTS、日本代表候補）に追加招集で参加していた山沢拓也《やまさわたくや》（パナソニック）にしても、日本代表の司令塔としては試合経験が不十分だった印象だ。

日本代表のスター候補、松島幸太朗の野性的な走り

現在の実力を考えると、田村中心でRWCも乗り切るシナリオだろうが、ラグビー選手は常にけがを負うリスクの中で戦っている。けがは切り離せないのだ。過去の日本代表、ワールドカップを見ても、多くの選手が「よもや」のアクシデント

でチームを離脱していった。

日本代表に託されるミッションや期待は、2015年大会を機に大きく変わっている。以前なら1勝、2勝でも称えられたチームだったが、いまはベスト8入りが期待されている。ポスト・ワールドカップの日本国内でのラグビー人気の命運を、日本代表が握っているのだ。だからこそ、メンバー編成も万難を排する必要がある。ここまでの若き才能への〝投資〟は十分とはいえない。

サンウルブズの存在意義は？

代表強化という観点で見た、サンウルブズの存在も、判断が難しいところだ。

ジョーンズHC時代に、代表強化を目的に日本チームのスーパーラグビー参戦が実現した。16年の初参戦以降、多くの代表候補メンバーが世界最高峰のリーグでパワーと技術を身をもって体感してきた。サンウルブズを経験した代表メンバーの多くは、サンウルブズでの経験が、その後の代表としての国際試合に役立ったことを認めている。18年にジョセフHCがサンウルブズの指揮官を兼務したのも、代表とサンウルブズのつながりを深めて、代表強化に役立てることを期待しての判断だった。

だが、今季に関しては、多くの代表候補はRWCTSの合宿に専念して、サンウルブズには一部のメンバーが参戦するに留まった。RWCTSでも、実戦経験を積むために〝ウルフパック〟と呼ばれるチームを編成してスーパーラグビーの2軍チームなどと6試合の練習マッチを組んだが、対戦相手のレベルはチーム事情でかなり不確かなものだった。ジョセフHCは、サンウルブズでプレーする代表候補選手が少ないことについては「予想以上にけが人がいて、(サンウルブズに) 出すことができなかった」と説明。RWC日本大会を見据えて、負荷の高いスーパーラグビーで負傷やコンディションを落とすリスクを回避したい思惑もあった。

コンディショニングと国際経験を秤にかけるのは難しい。ほぼアルゼンチン代表で固められたジャガーズが、今年のスーパーラグビーで決勝まで勝ち進んだことを見れば、同じ年に参入したサンウルブズとの格差があまりにも明らかだ。だが、明暗を分けたのは、あくまでもスーパーラグビーでのことだ。

サンウルブズを利用した代表強化は正しくおこなわれたのか。この回答は、日本代表がRWC日本大会の結果で示すしかない。

(よしだ・ひろし)

3　ラグビーワールドカップ史

［第1回　1987年ニュージーランド・豪州大会］

初代王者はNZ。JK決勝を語る

こいつはノスタルジーだ。

風に揺れるコットンの代表ジャージ。人工的でない、練習で鍛えこまれたナチュナルなからだ。警備もゆるく、ノーサイドになればファンがグラウンドになだれ込んでいた。どこか牧歌的な匂いが漂っていた。

試合にしても、まだディフェンス網は甘く、独創的なランプレーが随所にみられた。ラインアウトのサポートプレーも、ブレイクダウンの厳しい笛もない。各国の戦いのスタイルも違う。取材していてオモシロかったのだ。

サッカーのワールドカップ発足に遅れること57年。ついにラグビーでもワールドカップがスタートした。強国同士のテストマッチ方式から、商業主義にのっかった『世界一決定戦』が実現したの

日本代表メンバー　※©はキャプテン

ポジション	氏名	所属	年齢	身長	体重	Cap
団長	金野 滋					
監督	宮地 克実	東京三洋				
PR	八画 浩司	トヨタ自動車	29	171	88	1
PR	木村 敏隆	ワールド	23	180	98	6
PR	洞口 孝治	新日鐵釜石	34	178	98	22
PR	相沢 雅晴	リコー	28	184	106	6
HO	藤田 剛	日新製鋼	26	178	90	19
HO	広瀬 務	同志社大4年	23	173	82	—
LO	大八木 淳史	神戸製鋼	25	190	102	12
LO	栗原 誠治	サントリー	22	192	117	2
LO	桜庭 吉彦	新日鐵釜石	20	192	102	2
FL	© 林 敏之	神戸製鋼	27	184	100	22
FL	宮本 勝文	同志社大4年	21	182	94	2
FL	シナリ・ラトゥ	大東文化大2年	21	185	92	—
NO8	千田 美智仁	新日鐵釜石	28	183	87	24
NO8	河瀬 泰治	摂南大助手	27	188	95	9
SH	生田 久貴	三菱商事	24	176	74	—
SH	萩本 光威	神戸製鋼	28	170	70	—
SO	平尾 誠二	神戸製鋼	24	180	79	12
SO	松尾 勝博	ワールド	23	170	71	5
CTB	朽木 英次	トヨタ自動車	24	173	72	5
CTB	吉永 宏二郎	マツダ	25	174	75	1
CTB	吉野 俊郎	サントリー	26	176	68	6
WTB	大貫 慎二	サントリー	25	172	72	13
WTB	沖土居 稔	サントリー	22	174	80	—
WTB	ノフォムリ・タウモエフォラウ	東京三洋	31	181	87	7
FB	向井 昭吾	東芝府中	25	174	70	7
FB	村井 大次郎	丸紅	24	181	81	5

1987年
第1回ラグビーワールドカップ
@ニュージーランド・オーストラリア

日本代表戦績

①5月24日(日)
日本 18 — 21 アメリカ
(前半 11-15)
タウモエフォラウ(2T) 吉永(1T1PG)
朽木(1PG)

②5月30日(土)
日本 7 — 60 イングランド
(前半 3-16)
宮本(1T) 松尾(1PG)

③6月3日(水)
日本 23 — 42 オーストラリア
(前半 13-16)
朽木(2T) 藤田(1T) 沖土居(1G2PG1DG)

＊トライ(T)4点、コンバージョン(G)2点、ペナルティゴール(PG)3点、ドロップゴール(DG)3点。
＊トライは1992年の改正で、以降5点。

決勝トーナメント

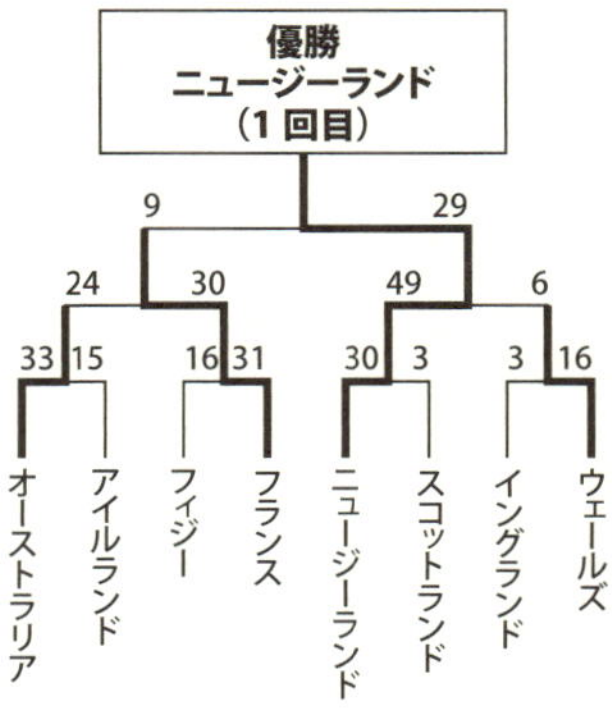

<3位決定戦>
ウェールズ 22-21 オーストラリア

POOL 1	順位・チーム	AUS	ENG	USA	JPN	勝	分	負	勝点
	①オーストラリア		○19-6	○47-12	○42-23	3	0	0	6
	②イングランド	●6-19		○34-6	○60-7	2	0	1	4
	③アメリカ	●12-47	●6-34		○21-18	1	0	2	2
	④日本	●23-42	●7-60	●18-21		0	0	3	0

POOL 2	順位・チーム	WAL	IRE	CAN	TGA	勝	分	負	勝点
	①ウェールズ		○13-6	○40-9	○29-16	3	0	0	6
	②アイルランド	●6-13		○46-19	○32-9	2	0	1	4
	③カナダ	●9-40	●19-46		○37-4	1	0	2	2
	④トンガ	●16-29	●9-32	●4-37		0	0	3	0

POOL 3	順位・チーム	NZL	FIJ	ITA	ARG	勝	分	負	勝点
	①ニュージーランド		○74-13	○70-6	○46-15	3	0	0	6
	②フィジー	●13-74		●15-18	○28-9	1	0	2	2
	③イタリア	●6-70	○18-15		●16-25	1	0	2	2
	④アルゼンチン	●15-46	●9-28	○25-16		1	0	2	2

POOL 4	順位・チーム	FRA	SCO	ROU	ZIM	勝	分	負	勝点
	①フランス		△20-20	○55-12	○70-12	2	1	0	5
	②スコットランド	△20-20		○55-28	○60-21	2	1	0	5
	③ルーマニア	●12-55	●28-55		○21-20	1	0	2	2
	④ジンバブエ	●12-70	●21-60	●20-21		0	0	3	0

※勝ち点が並んでいるチームの順位は総トライ数によるもの

だった。

ちなみに、なぜ87年開催だったかというと、サッカーW杯（86年）、夏季五輪（88年）を避けたからだといわれている。ニュージーランド（NZ）と豪州の共催という形で、日本など16カ国・協会が招待された。30日間で32試合。メインスポンサーには日本の「KDD」の冠がついた。

大会では、NZ代表オールブラックスが圧倒的な強さを発揮することになる。エースがのちのジャパンのヘッドコーチ、ラグビーの神サマに愛されたジョン・カーワン（JK）である。当時22歳。

「あの時のこと、すごくよく覚えている。100年ほどの歴史があるオールブラックスに最高の舞台が用意されたんだ。伝統を示す場、ぼくらはどうしても勝ちたかった、グレート・メモリーです」

余談をいえば、この大会のジャパンのLO大八木《おおやぎ》淳史《あつし》は留学中のクライストチャーチでJKの代表デビュー戦を見ている。1984年のNZ×フランス戦だ。

「連れていってもらった人から〝アッシー（大八木）、おまえと同じサイズ（190センチ）でウイングだ〟と言われた。うしろのおじさんがJKに興奮して倒れてしまった」

オールブラックスにとって、優勝は至上命令だった。強化合宿を積み重ね、JKは自前で個人トレーナーをつけた。ステップ修得のため、森の木の間を縫って走ったりもした。

「ラグビーの歴史を創りたかった。若かった。コワいものがなかった。自信の固まりだった」

NZは準決勝でウェールズを49―6で一蹴する。ウェールズはSOジョナサン・デービスを擁するも、けが人もあってＦＷが弱かった。ＮＺの１本目と最後の８本目のトライ（当時４点）はスクラムトライだった。

もうひとつの準決勝では、フランスが豪州に逆転勝ちした。30―24。トレビアンな試合だった。華は、仏ブランコと豪キャンピージーの両ＦＢ。ノーサイド直前、フランスがつないでブランコが右隅に飛び込んだ。

さて決勝はＮＺ×フランスとなった。オークランド、あの興奮が消えない、とＪＫは懐かしむ。

「チームバスに乗っている時から気分が高揚していた。上空にヘリコプターが回り、テレビカメラがいっぱいいて……。キックオフ直前、ハカ（Haka、士気を高めるための儀式）をして、やっと落ち着いた。準備がすべて整った」

ＪＫのトイメンが俊足のＷＴＢラジスケ。まずはスワーブで抜きにいった。大きくゲイン。

「ランであれ、タックルであれ、最初に相手に恐怖を与えたかった」

序盤、パントを追いかけ、ＪＫが相手に圧力をかけ、こぼれたボールをＦＬマイケル・ジョーンズが拾って先制トライを挙げた。ジョーンズは敬虔なクリスチャン。日曜日は安息日だからプレーはせず、準決勝を欠場していた。ＪＫとジョーンズは同じ年。

「ぼくらは非常にスペシャルな連携があった。〝あ・うん〟の呼吸があった。お互い、積極的にボールに絡んでいくことを意識していた」

試合中、小雨がぱらつき、きれいな虹がかかった。たしか前夜来の雨で地面はぬかるんでいた。

「全然、問題ナシ。これぞニュージーランドという天気だったから。わざとボールを濡らして練習したこともある。ぼくらにはホームアドバンテージがあった」

後半、主将のSHデヴィット・カークがトライする。JKもハンドオフで相手を突き飛ばし、右タッチライン際を爆走し右隅に飛び込んだ。

「実は1週間前のウェールズ戦のタックルでふくらはぎを痛めていた。ダッシュがきかないからハンドオフが効いたんだ。最高の気分だった」

29―9の快勝だった。HOフィッツ・パトリック、LOのG・ウェットンらが並ぶ強力FWがぶ厚いモール「ブラック・ブランケット」でシャンパン・ラグビーを押し崩した。

日本代表はこの大会、3戦3敗だった。昔懐かしのアマチュア時代。チームスローガンが「団体でいこう」。その時の主将の林敏之《はやしとしゆき》さんは2019年春、32年前の記憶をたどり、こう漏らした。

「勝ち方を模索していたなあ」

[第2回　1991年英仏大会]

豪州が初制覇。光輝くキャンピージー

ラグビーワールドカップは変わった。豪州・ニュージーランドによる招待大会だった第一回と違い、このRWCは国際ラグビー評議会（IRB）が主催した。カネになる、と踏んだからだ。

開催地は、ラグビーの母国のイングランドほか、アイルランド、ウェールズ、スコットランド、フランスの北半球五カ国・協会。どうしたって盛り上がるに決まっている。

大会の華は文句なし、豪州のデヴィッド・キャンピージーである。この時の日本代表WTBの吉《よし》田義人《だよしひと》さんは「自分が見た中のナンバーワンWTBは？」という問いに即答した。

キャンピージーと。吉田さんは香港セブンズで実際、彼と対戦もしている。

「獲物をとる動物のように、ウイングで一番大事なトライを刈り取る嗅覚をもっている。走りながらスペースを見つけ、ボールをもらった瞬間にはもう相手を抜いている。いわば〝引き出し〟の多い、創造的なプレーヤーでした」

〝グーステップ〟のキャンピージーは当時27歳。11番のジャージで右WTBの位置に入り、グラウンドをトライの狩り場とした。このほか、SHファージョーンズ、SOライナーのハーフ団、CTBホラン、リトルの新鋭コンビがラインにならび、絶妙のハーモニーを奏でた。

終了間際の大逆転劇が、準々決勝の豪州×アイルランド戦だった。地元ダブリンの熱狂的な応援を浴び、「魂のラグビー」のアイルランドに後手を踏んだ。大会得点王のSOキーズのPG、DGで失点を許し、後半34分、FLハミルトンのトライで3点をリードされた。

ダブリンのスタジアム、ランズダウンロードが爆発する。試合中だというのに、興奮したファンがグラウンドになだれ込んだ。まるで阪神タイガースが優勝を決めた甲子園球場のようだった。この大会の日本代表の主将、平尾誠二氏がかつて笑って漏らしたことがある。

「今だったら、グラウンドに出た観客、みんなシンビンですね」

だがワラビーズ（オーストラリア代表チームの愛称）はギブアップしなかった。反撃に転じ、ノーサイド直前、SOライナーが相手ディフェンスの乱れを突く。スクラムから右に回し、CTBホランを飛ばしてくるり、CTBリトルからWTBキャンピージーにつなぎ、フォローしたSOライナーが右隅に飛び込んだ。

最初のトライとまったく同じデザインだった。この時はトライがまだ4点。豪州が19—18と逆転した。アイルランドファンにとって天国から地獄である。

準決勝が、事実上の優勝決定戦といわれた豪州×ニュージーランド（NZ）戦である。場所はダブリン。

NZにとっての不運は日曜日だったことだった。なぜかと言うと、敬虔なクリスチャンのNZのオープンサイドFL、マイケル・ジョーンズが安息日のため、試合を欠場せざるをえなかったから

1991年
第2回ラグビーワールドカップ
@イングランド・スコットランド・ウェールズ・アイルランド・フランス

日本代表メンバー　※◎はキャプテン

ポジション	氏名	所属	年齢	身長	体重	Cap
団長	金野 滋					
監督	宿澤 広朗	住友銀行				
PR	太田 治	日本電気	26	185	110	11
PR	木村 賢一	トヨタ自動車	22	180	101	―
PR	田倉 政憲	三菱自工京都	25	178	94	7
PR	高橋 一彰	トヨタ自動車	23	183	102	6
HO	薫田 真広	東芝府中	24	178	95	4
HO	藤田 剛	日本IBM	30	177	94	31
LO	林 敏之	神戸製鋼	31	184	103	33
LO	エケロマ・ルアイウヒ	ニコニコ堂	28	193	105	7
LO	大八木 淳史	神戸製鋼	29	189	106	28
FL	梶原 宏之	東芝府中	24	188	92	9
FL	宮本 勝文	三洋電機	25	183	92	9
FL	中島 修二	日本電気	26	181	88	9
FL	大内 寛文	龍谷大1年	24	185	91	2
NO8	シナリ・ラトゥ	三洋電機	25	184	98	15
SH	堀越 正己	神戸製鋼	22	158	70	10
SH	村田 亙	東芝府中	23	171	72	1
SO	松尾 勝博	ワールド	27	170	72	13
SO	青木 忍	リコー	23	171	81	4
CTB	◎ 平尾 誠二	神戸製鋼	28	181	84	28
CTB	朽木 英次	トヨタ自動車	28	173	77	21
CTB	元木 由記雄	明大2年	19	176	83	3
WTB	吉田 義人	伊勢丹	22	167	67	12
WTB	増保 輝則	早大2年	19	178	81	2
WTB	松田 努	関東学院大3年	21	181	78	―
FB	細川 隆弘	神戸製鋼	24	178	72	5
FB	前田 達也	NTT関西	22	172	73	2

日本代表戦績

①10月5日(土)
日本 9 ― 47 スコットランド
(前半 9-17)
細川(1T1G1DG)

②10月9日(水)
日本 16 ― 32 アイルランド
(前半 6-19)
梶原(1T) 吉田(1T) 林(1T) 細川(2G)

③10月14日(月)
日本 52 ― 8 ジンバブエ
(前半 16-4)
堀越(1T) 朽木(2T) 増保(2T) 吉田(2T)
松尾(1T) ルアイウヒ(1T) 細川(5G2PG)

決勝トーナメント

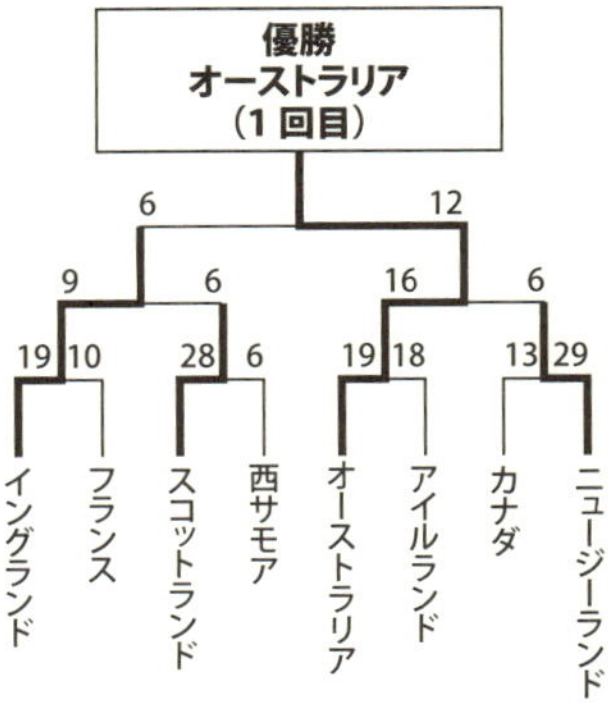

<3位決定戦>
ニュージーランド 13-6 スコットランド

POOL 1	順位・チーム	NZL	ENG	ITA	USA	勝	分	負	勝点
	①ニュージーランド		○18-12	○31-21	○46-6	3	0	0	9
	②イングランド	●12-18		○36-6	○37-9	2	0	1	7
	③イタリア	●21-31	●6-36		○30-9	1	0	2	5
	④アメリカ	●6-46	●9-37	●9-30		0	0	3	3

POOL 2	順位・チーム	SCO	IRE	JPN	ZIM	勝	分	負	勝点
	①スコットランド		○24-15	○47-9	○51-12	3	0	0	9
	②アイルランド	●15-24		○32-16	○55-11	2	0	1	7
	③日本	●9-47	●16-32		○52-8	1	0	2	5
	④ジンバブエ	●12-51	●11-55	●8-52		0	0	3	3

POOL 3	順位・チーム	AUS	SAM	WAL	ARG	勝	分	負	勝点
	①オーストラリア		○9-3	○38-3	○32-19	3	0	0	9
	②西サモア	●3-9		○16-13	○35-12	2	0	1	7
	③ウェールズ	●3-38	●13-16		○16-7	1	0	2	5
	④アルゼンチン	●19-32	●12-35	●7-16		0	0	3	3

POOL 4	順位・チーム	FRA	CAN	ROU	FIJ	勝	分	負	勝点
	①フランス		○19-13	○30-3	○33-9	3	0	0	9
	②カナダ	●13-19		○19-11	○13-3	2	0	1	7
	③ルーマニア	●3-30	●11-19		○17-15	1	0	2	5
	④フィジー	●9-33	●3-13	●15-17		0	0	3	3

だ。

先制トライはＷＴＢキャンピージーである。左ラインアウトから回して一度ポイントをつくり、ＦＷがディフェンスに残る左のブラインドサイドを攻め、キャンピージーがインゴールに駆け込んだ。ミスマッチを狙ったのだった。

ワラビーズのラインは間隔が少しせまく、一人ひとりがしっかりと状況判断する。確かな技術と的確なタイミング。守っては懐深く、組織的なディフェンスシステムを敷き、ゴールラインを割らせなかった。

キャンピージーならではの独創的な演出が２つ目のスーパートライだった。ＳＯライナーのショートパントをＷＴＢキャンピージーが拾い、ＣＴＢホランに「ノールックパス」。

吉田さんがうなる。

「これぞ一流選手の証です。すべてがイメージできている。バウンドを見て、ボールをとる前に相手を抜いている。ノールックパスは、そこに味方がいるという信頼関係ができているからです」

余談をいえば、吉田さんはＷＴＢには動物的な嗅覚が求められるという。自身を「黒ヒョウ」にたとえる。ならば、キャンピージーはスーパー・ワラビーといったところか。

キャンピージーの活躍で、ワラビーズは宿敵に快勝した。続く決勝戦の相手が地元のイングランド。なぜかイングランドは戦い方を変えてきた。ＳＯアンドリューのキック主体の〝10マン・ラグビー〟が「退屈」と批判されたためか、バックスでワイドに展開しようとしてきた。これが失敗だった。バックスの力ではワラビーズが上である。ＦＷも堅実だった。とくに低く激しいブレイクダウンでイングランドＦＷを圧倒した。

前半30分。ゴール前のラインアウトからのモールをごりごり押し、ＰＲダイリーが押さえ込んだ。まだリフティングがない時代、サポートが早い。とくにワラビーズの結集には2年間の鍛練の跡がみえた。

特筆すべきは、ワラビーズの名ＬＯのイールズがＲＷＣデビューしていたことだ。当時21歳。2メートルのサイズもだが、ボディーコントロール、まじめなレッグ・ドライブが光る。

あとはワラビーズが堅守でリードを守りきった。リトル、ホランの両ＣＴＢは「鉄壁ディフェンス」である。キャンピージーはこの大会、6トライで「トライ王」になった。

忘れてはならない。日本のＷ杯初勝利がジンバブエ戦だった。この大会における1試合最多トライとなる9トライを挙げた。ＳＨ堀越正己《ほりこしまさみ》―ＳＯ松尾勝博《まつおかつひろ》のハーフ団と、平尾、朽木英次《くつきえいじ》、吉田らが並ぶライン。主将だった平尾さんは生前、漏らしたものだ。「互いの呼吸の吸う、吐くを意識し合うような、匠《たくみ》的なバックスだった」と。

[第3回　1995年南アフリカ大会]

怪物ロムーを止めた。100分死闘。新生南アフリカ初制覇

新生南アフリカ（南ア）の『祝祭』みたいな大会だった。アパルトヘイト政策のため国際舞台から締め出されていた南アがラグビーワールドカップ（RWC）に初出場し、いきなり頂点に上り詰めたのである。

映画『インビクタス～負けざる者たち』（クリント・イーストウッド監督）では、モーガン・フリーマン演じるネルソン・マンデラ大統領を中心にRWCの舞台裏がうまく描かれている。見て泣いた人もいるのではないか。ラグビーの試合もうまく再現されており、南ア主将のピナール役の俳優マット・ディモンの迫真演技が当時を思い出させてくれた。

「ひとつのチーム、ひとつの国」が大会スローガンだった。人種融合の象徴が、南アのWTBチェスター・ウィリアムスである。愛称が「ブラック・パール」。唯一の有色人種で、黒人少年たちのヒーローだった。

けがから復帰したウィリアムスは準々決勝の西サモア（現サモア）戦から合流し、ひとりで4トライを奪ってみせた。熱狂のスタンド、街中での労働者の歌『ショショローザ』の大合唱が耳に残る。

日本代表メンバー　※© はキャプテン

ポジション	氏名	所属	年齢	身長	体重	Cap
団長	白井 善三郎					
監督	小藪 修	新日鐵				
PR	太田 治	NEC	30	184	102	23
PR	高橋 一彰	トヨタ自動車	27	183	101	13
PR	田倉 政憲	三菱自工京都	28	178	96	14
PR	浜辺 和	近鉄	23	182	104	—
HO ©	薫田 真広	東芝府中	28	178	98	17
HO	弘津 英司	神戸製鋼	27	179	95	1
LO	桜庭 吉彦	新日鐵釜石	28	192	105	16
LO	ブルース・ファーガソン	日野自動車	24	193	112	7
LO	赤塚 隆	明大 4 年	21	193	118	2
FL	梶原 宏之	勝沼クラブ	28	187	96	19
FL	シナリ・ラトゥ	三洋電機	29	184	100	28
FL	井沢 航	東京ガス	24	191	104	2
NO8	シオネ・ラトゥ	大東文化大 4 年	24	188	99	7
NO8	羽根田 智也	ワールド	26	188	100	1
SH	堀越 正己	神戸製鋼	26	158	69	18
SH	村田 亙	東芝府中	27	173	74	3
SO	松尾 勝博	ワールド	31	170	73	23
SO	廣瀬 佳司	京都産業大 4 年	22	168	71	2
CTB	元木 由記雄	神戸製鋼	23	176	87	11
CTB	吉田 明	神戸製鋼	23	180	85	—
CTB	平尾 誠二	神戸製鋼	32	180	80	32
WTB	吉田 義人	伊勢丹	26	170	71	26
WTB	増保 輝則	神戸製鋼	23	178	85	12
WTB	ロペティ・オト	大東文化大 4 年	23	176	92	1
FB/WTB	今泉 清	サントリー	27	183	96	3
FB	松田 努	東芝府中	25	180	83	6

1995 年
第 3 回ラグビーワールドカップ
@ 南アフリカ

日本代表戦績

①5月27日(土)

日本　10 — 57　ウェールズ

(前半 0-36)

オト (2T)

②5月31日(水)

日本　28 — 50　アイルランド

(前半 14-19)

平尾・ラトゥ (シナリ)・田倉・井沢 (各 1T)
吉田 (4G)

③6月4日(日)

日本　17 — 145　ニュージーランド

(前半 3-84)

梶原 (2T) 廣瀬 (2G1PG)

決勝トーナメント

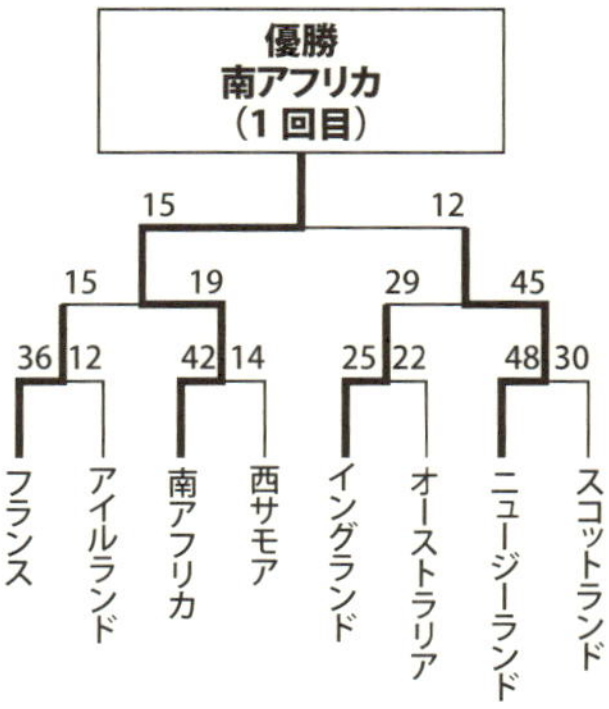

<3 位決定戦>
フランス 19-9 イングランド

POOL A	順位・チーム	RSA	AUS	CAN	ROU	勝	分	負	勝点
	①南アフリカ		○27-18	○20-0	○21-8	3	0	0	9
	②オーストラリア	●18-27		○27-11	○42-3	2	0	1	7
	③カナダ	●0-20	●11-27		○34-3	1	0	2	5
	④ルーマニア	●8-21	●3-42	●3-34		0	0	3	3

POOL B	順位・チーム	ENG	SAM	ITA	ARG	勝	分	負	勝点
	①イングランド		○44-22	○27-20	○24-18	3	0	0	9
	②西サモア	●22-44		○42-18	○32-26	2	0	1	7
	③イタリア	●20-27	●18-42		○31-25	1	0	2	5
	④アルゼンチン	●18-24	●26-32	●25-31		0	0	3	3

POOL C	順位・チーム	NZL	IRE	WAL	JPN	勝	分	負	勝点
	①ニュージーランド		○43-19	○34-9	○145-17	3	0	0	9
	②アイルランド	●19-43		○24-23	○50-28	2	0	1	7
	③ウェールズ	●9-34	●23-24		○57-10	1	0	2	5
	④日本	●17-145	●28-50	●10-57		0	0	3	3

POOL D	順位・チーム	FRA	SCO	TGA	CIV	勝	分	負	勝点
	①フランス		○22-19	○38-10	○54-18	3	0	0	9
	②スコットランド	●19-22		○41-5	○89-0	2	0	1	7
	③トンガ	●10-38	●5-41		○29-11	1	0	2	5
	④コートジボワール	●18-54	●0-89	●11-29		0	0	3	3

南アは準決勝で強敵フランスとぶつかる。場所はダーバン。ひどい豪雨で、キックオフが1時間半も遅れた。雨がフランスの〝シャンパン・ラグビー〟のバックスを殺す。

「地の利」「天の利」は南アにあった。この時の日本代表主将の薫田真広《くんだまさひろ》さんは思い出す。

「雨は南アフリカに有利に働いたでしょう。でもフランスFWも強い。FW同士の力と力、技と技。その激突が勝敗を左右したのです」

雨でにじんだ取材ノートをひっくり返せば、南アFWが900キロ、フランス880キロとメモしてある。南アがSOストランスキーのPGで先制したあと、密集サイドを長身のSHファンデル・ベストハイゼンがもぐり、最後はFLのクルーガーが腕力でトライをもぎ取った。

フランスのCTBラクロアの連続PGで10—6と追い上げられ、南アはハーフタイムを折り返す。余談をいえば、スタンドには傘の花が咲き、フランスのスタッフも平気でタバコを吸っていた。そんな時代である。

見せ場が、ノーサイドまでの3分間だった。4点リードの南アは自陣ゴール前で、フランスの猛反撃を受け続けた。泥田の芝がめくれる。激しい水しぶきがあがる。

スクラムからのサイド攻撃、モールラッシュ、ラックからの怒濤の攻め。一度はゴールラインまであと10センチに迫られた。でも南アFWが耐える。フランスの「12人スクラム」にも、南ア3番シュワルトが肩で相手1番アルマリの首を殺していた。くさびが効いていたのだ。

薫田さんがうなる。

「3番の右肩は大事ですね。とくにゴール前のビッグスクラムでは8人の結束がものをいう。南アのスクラムの強さは世界一だったでしょう」

南アが決勝へ進んだ。相手は、怪物ロムーを擁するニュージーランド（NZ）である。初の南半球同士決勝となるスプリングボクス（南アフリカ代表チームの愛称）×オールブラックスとなった。舞台が整った。

会場はジョハネスバーグだった。キックオフ直前、ぼくも観客も度肝を抜かれた。巨大なボーイング747ジェット機がエリスパーク競技場の真上を通過したのである。

マンデラ大統領は南ア主将のピナールの背番号6のスプリングボクスジャージと緑のキャップで現れた。両チームの選手一人ひとりと握手し、声をかけていく。

試合のポイントは、南アが怪物ロムーをいかに止めるかだった。195センチ、115キロの左WTBは準決勝のイングランド戦で4トライを記録していた。

試合はNZの意表をつくゴロキックのキックオフではじまった。南アはロムーとの間合いを詰め、スペースを消してきた。トイメンのWTBスモールが怪物の足元に猛タックルを浴びせ、2人目、3人目がむしゃぶりつく。

南アがスクラムで圧力をかけ、タイトなFW戦に持ち込んだ。腕力にものをいわせた凄まじいタックルの応酬。このRWCの日本代表PR太田《おおた》治《おさむ》さんが思い出してくれた。

「南アフリカのディフェンスでのしつこさには驚いた。たとえロムーにゲインされても、よく周りが戻って止めている。これは気持ちでしょ。マンデラの思いが裏にあるのではないでしょうか」

南アが前半20分、スクラムのサイド攻撃から、FLのクルーガーがインゴールに持ち込んだ。グラウンディングできず、トライにはならなかった。その後、南アのSOストランスキー、NZのSOマーテンズがPG、DGを蹴り込み、9―9で80分を終えた。RWC初の10分ハーフの延長戦へ。その前半はPGひとつずつ。後半開始直後、南アのストランスキーが決勝DGを蹴り込んだ。結局100分近く戦い、トライはゼロだった。まるで南アが国民一丸の鉄壁防御で勝ちとったかのような優勝だった。

日本代表はといえば、3戦全敗の予選プール敗退だった。中でもニュージーランドには17―145と歴史的な大敗を喫した。悪夢、悲劇である。

薫田さんは顔をゆがめる。「ラグビー人生で一番記憶に残っている試合です。多くのことを学んだ試合です。いまの原点です」

太田さんはこうだ。「ぼくのトラウマです。あれがあったから、ずっと日本ラグビー界のための仕事をしているんです」

世界のラグビーでいえば、RWC直後、国際ラグビー評議会（IRB）は「アマチュア規定」を撤廃し、オープン化に踏み切った。プロ化の波が日本にも押し寄せてくることになる。

［第４回　１９９９年ウェールズ大会］

組織力の豪州が二度目V～プロ化のW杯

ラグビーが変わる。プロ化以降、初めてのワールドカップ（ＲＷＣ）である。科学的なフィジカル強化でプロ選手のからだはサイボーグのごとくパワフルとなり、チームのシステム整備が急速に進んだ。

結果、プロ化に乗り遅れた日本と、ラグビー強豪国とのレベルの差が開くことになる。平尾誠二監督率いるジャパンは、元オールブラックス選手ら海外出身６人を擁しながら、けが人にも悩まされ、Ｄプール３戦全敗の最下位に終わる。

しかもトライは３戦でわずか2トライにとどまった。エース大畑大介さんが敵地カーディフのミレニアムスタジアムのウェールズ戦で奪った右コーナーぎりぎり、30メートル快走トライが一服の清涼剤となった。

テストマッチ世界最多記録の69トライをマークした日本のトライゲッター。当時23歳。引退した大畑さんは振り返る。「会場を盛り上げたワンプレーはあったけれど、それ以上に悔しさの残る大会だった。若さが悪い方に出て何もできずに終わった」と。その後、環境を変えるため、海外挑戦することになる。

さて大会は参加国が20カ国・協会に増えた。プール戦を4チームの5組でおこない、準々決勝プレーオフを経て、ベスト8が出そろうことになった。この大会、いやRWC史に残るであろう「アップセット（番狂わせ）」が準決勝のフランス×ニュージーランド（NZ）である。

会場はロンドン郊外のトゥイッケナムだった。観客は満員の7万3000人。キックオフ前から、あのビッグゲーム特有の何かが起こりそうな空気があったことをおぼえている。

優勝候補筆頭のNZが試合の主導権をにぎる。SOマーテンズからCTBカレン、WTBウマンガ、FBウィルキンソンらが並ぶバックスの突破力は格別だった。2大会連続のトライ王となる怪物ロムーが爆発し、後半4分、この日2つ目のトライをあげ、24―10とリードする。

14点差である。NZの唯一の欠点は雑なゲームマネジメント、すなわちリアリズムの欠如であろう。あとはフランスの挑発にのらず、ボールをキープし、時間を消していけばよかった。でもラグビーが大好きなNZ人はそれを潔しとしない。相手のラフプレーに平常心を失い、攻めてはミスを連発していく。

どだいフランスのアグレッシブさは普通ではなかった。FBガルバジョグがトイメンのウィルキンソンにハイタックルをするわ、CTBドゥルトゥがNZのSHケラハーの首をしめるわで、レフリーから「イエローカード」をもらった。今なら間違いなくシンビンで一時退場だが、当時は「警告」止まりだった。

おまけにフランスの右PR、トゥルネールがNZのNO8ランデルの耳までかんだ。ボクシング

1999年
第4回ラグビーワールドカップ
@ウェールズ・イングランド・フランス・スコットランド・アイルランド

日本代表メンバー　※©はキャプテン

ポジション	氏名	所属	年齢	身長	体重	Cap
団長	河野 一郎					
監督	平尾 誠二	神戸製鋼				
PR1	長谷川 慎	サントリー	27	180	100	17
PR1	中道 紀和	神戸製鋼	28	175	105	11
HO	薫田 真広	東芝府中	32	178	97	41
HO	坂田 正彰	サントリー	26	180	95	15
PR3	中村 直人	サントリー	30	178	105	17
PR3	小口 耕平	リコー	30	181	105	4
LO	ロバート・ゴードン	東芝府中	34	193	105	14
LO	大久保 直弥	サントリー	23	189	98	5
LO	田沼 広之	リコー	26	193	94	22
FL	グレッグ・スミス	豊田自動織機	31	188	104	14
FL	渡邉 泰憲	東芝府中	25	192	105	13
FL	木曽 一	立命館大3年	20	195	96	―
FL	石井 龍司	トヨタ自動車	29	183	93	1
NO8	ジェイミー・ジョセフ	サニックス	29	195	115	6
NO8	伊藤 剛臣	神戸製鋼	28	185	90	27
SH	グレアム・バショップ	サニックス	32	175	86	5
SH	村田 亙	東芝府中	31	173	74	23
SO	廣瀬 佳司	トヨタ自動車	26	168	73	23
SO	岩渕 健輔	神戸製鋼	23	178	79	12
CTB	©アンドリュー・マコーミック	東芝府中	32	185	92	22
CTB	元木 由記雄	神戸製鋼	28	177	85	44
CTB	吉田 明	神戸製鋼	28	180	84	10
CTB	古賀 淳	三洋電機	24	173	85	―
WTB	増保 輝則	神戸製鋼	27	178	82	36
WTB	大畑 大介	神戸製鋼	23	177	80	15
WTB	パティリアイ・ツイドラキ	トヨタ自動車	30	180	77	12
WTB	三木 亮平	龍谷大4年	21	185	83	1
FB	松田 努	東芝府中	29	180	83	32
FB	平尾 剛史	神戸製鋼	24	182	85	3

日本代表戦績

①10月3日(日)
日本 9 ― 43 サモア
（前半 6-18）
廣瀬（3PG）

②10月9日(土)
日本 15 ― 64 ウェールズ
（前半 12-26）
大畑（1T）ツイドラキ（1T）廣瀬（1G1PG）

③10月16日(土)
日本 12 ― 33 アルゼンチン
（前半 9-17）
廣瀬（4PG）

決勝トーナメント

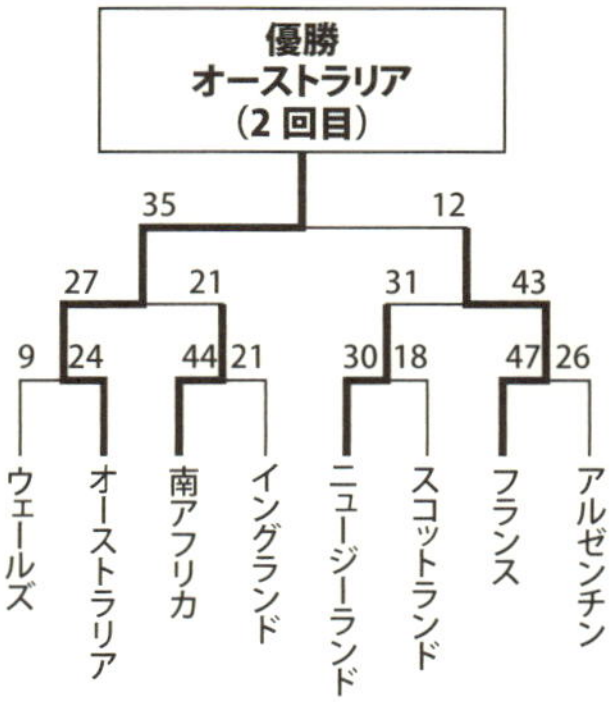

＜3位決定戦＞
南アフリカ 22-18 ニュージーランド
＜準々決勝プレーオフ＞
イングランド 45-24 フィジー
スコットランド 35-20 サモア
アルゼンチン 28-24 アイルランド

POOL A	順位・チーム	RSA	SCO	URU	ESP	勝	分	負	勝点
	①南アフリカ		○46-29	○39-3	○47-3	3	0	0	9
	②スコットランド	●29-46		○43-12	○48-0	2	0	1	7
	③ウルグアイ	●3-39	●12-43		○27-15	1	0	2	5
	④スペイン	●3-47	●0-48	●15-27		0	0	3	3

POOL B	順位・チーム	NZL	ENG	TGA	ITA	勝	分	負	勝点
	①ニュージーランド		○30-16	○45-9	○101-3	3	0	0	9
	②イングランド	●16-30		○101-10	○67-7	2	0	1	7
	③トンガ	●9-45	●10-101		○28-25	1	0	2	5
	④イタリア	●3-101	●7-67	●25-28		0	0	3	3

POOL C	順位・チーム	FRA	FIJ	CAN	NAM	勝	分	負	勝点
	①フランス		○28-19	○33-20	○47-13	3	0	0	9
	②フィジー	●19-28		○38-22	○67-18	2	0	1	7
	③カナダ	●20-33	●22-38		○72-11	1	0	2	5
	④ナミビア	●13-47	●18-67	●11-72		0	0	3	3

POOL D	順位・チーム	WAL	SAM	ARG	JPN	勝	分	負	勝点
	①ウェールズ		●31-38	○23-18	○64-15	2	0	1	7
	②サモア	○38-31		●16-32	○43-9	2	0	1	7
	③アルゼンチン	●18-23	○32-16		○33-12	2	0	1	7
	④日本	●15-64	●9-43	●12-33		0	0	3	3

POOL E	順位・チーム	AUS	IRE	ROU	USA	勝	分	負	勝点
	①オーストラリア		○23-3	○57-9	○55-19	3	0	0	9
	②アイルランド	●3-23		○44-14	○53-8	2	0	1	7
	③ルーマニア	●9-57	●14-44		○27-25	1	0	2	5
	④アメリカ	●19-55	●8-53	●25-27		0	0	3	3

のタイソンではあるまいし、もう何でもアリだ。でも、こんなフランス流の過剰な闘争心がアップセットを呼ぶのである。

もうひとつ、忘れてならないのが、ハーフ団のメンツである。NZはずっとマーシャルとマーテンズだったけれど、試合直前、SHをケラハーに代えた。フランスは開幕戦の時は自宅でテレビ観戦していたというSHガルティエ（ミニョーニのけがで追加招集）とラメゾンのコンビである。首脳陣への反発心ゆえか、そのガルティエが準決勝戦で猛タックルを連発したのだった。

フランスはラメゾンが2本のDGで反撃をはじめ、2PGを追加、ガルティエの左足キックからWTBドミニシが逆転トライをあげた。このRWCのジャパンメンバーだった岩渕健輔《いわぶちけんすけ》さん（現日本協会専務理事）が言う。

「フランスはバックスの華麗な動きだけでなく、じつはFWがタフなんです。まとまった時の力は凄まじく、大きな仕事をやってのけるんです」

もうひとつの準決勝は、組織の豪州がパワーの南アフリカとがっぷり四つに組んだ。ともにノートライ。延長の後半、豪州のSOラーカムが正面48メートルの決勝DGを蹴り込んだ。

正直言って、決勝はあまり記憶に残っていない。豪州の組織がほぼ完璧だったからか。細かくゲームを細分化して、トレーニングを徹底反復する。ディフェンスは整備され、攻撃も突破はCTBのティム・ホランからとパターン化されていた。

さらにいえば、RWCまでの2年間のテストマッチ（国別代表戦）を活用しての交代出場選手の育成まで図っていた。例えば、FLのフィネガン。後半から出場し、WTBチューンのトライにつなげ、ラインアウトのSHグレーガンのリバースパスから自らトライを奪った。

持ち前の組織ディフェンスはさらに堅く堅く、ぶ厚くなった。雨上がりでグラウンドがぬかるんでいたことも豪州にプラスだったかもしれない。ヒラメキを忘れたフランスをノートライに抑え、ついには大会で相手にトライを1つしか許さなかった。

豪州代表「ワラビーズ」の黄金期の到来を印象づける二度目のRWC制覇である。大畑さんは以前、こう解説してくれた。

「全員のゲームの理解力と危機管理能力がものすごく高い。何がいいって、ボールが下にほとんど落ちないんです。サポート力に長け、限りなくボールを動かしている。これで相手のディフェンスが崩されてしまうのでしょう」

［第5回　2003年豪州大会］

ウィルキンソンの劇的DG。ラグビーの母国イングランドが初制覇

乱暴な言い方をすると、イングランドのSOジョニー・ウィルキンソンの大会だった。

決勝でイングランドに敗れた豪州のエディー・ジョーンズ監督（当時、現イングランド代表HC）が思い出す。

「ジョニーはこちらの想像を超えていた。ゴールキックがすごいのはもちろんだけど、ディフェンスも天下一品だ。肩を痛めていると聞いて、肩を狙っていったら、逆にこちらの選手がとんでもないハードタックルを食らってしまった」

そうなのだ。ウィルキンソンの魅力はからだを張る防御にもあった。昨今のラグビーでは10番のタックルがことのほか、重要となる。それを教えてくれたのが当時24歳の「貴公子」だった。

ウィルキンソンがいなければ、エディーの優勝シナリオは現実となる予定だった。開催国の豪州はまず、準決勝でライバルのニュージーランド（NZ）と対戦する。シドニー郊外のテルストラ・スタジアム。たしか試合前の冷気の中、8万2000余の大観衆の『ウォルツィング・マチルダ』の大合唱がスタンドを揺るがしていた。

エディーが記憶をたどる。この年のNZ戦では2戦2敗だったけれど、勝利の自信があった。

2003年
第5回ラグビーワールドカップ
@オーストラリア

日本代表メンバー ※©はキャプテン

ポジション	氏名	所属	年齢	身長	体重	Cap
団長	真下 昇	日本協会				
監督	向井 昭吾	日本協会				
PR	長谷川 慎	サントリー	31	179	102	39
PR	豊山 昌彦	トヨタ自動車	27	178	107	23
PR	山本 正人	トヨタ自動車	25	185	110	11
PR	山村 亮	関東学院大4年	22	185	105	5
HO	坂田 正彰	サントリー	30	180	97	32
HO	網野 正大	NEC	29	176	100	10
LO	田沼 広之	リコー	30	193	97	42
LO	アダム・パーカー	東芝府中	30	194	106	17
LO	久保 晃一	ヤマハ発動機	27	190	98	15
LO	木曽 一	ヤマハ発動機	25	195	105	10
LO	早野 貴大	サントリー	29	187	103	−
FL	渡邉 泰憲	東芝府中	29	192	106	22
FL	©箕内 拓郎	NEC	27	187	105	15
FL	大久保 直弥	サントリー	28	188	100	26
FL	浅野 良太	NEC	24	184	92	4
NO8	伊藤 剛臣	神戸製鋼	32	185	90	52
NO8	斉藤 祐也	神戸製鋼	26	185	95	13
SH	苑田 右二	神戸製鋼	30	173	73	18
SH	辻 高志	NEC	26	167	75	3
SO	アンドリュー・ミラー	神戸製鋼	31	180	86	10
SO	廣瀬 佳司	トヨタ自動車	30	170	75	38
CTB	ジョージ・コニア	NEC	34	183	92	6
CTB	元木 由記雄	神戸製鋼	32	176	86	66
CTB	ルーベン・パーキンソン	福岡サニックス	30	183	97	5
CTB	難波 英樹	トヨタ自動車	27	178	84	24
WTB	大畑 大介	神戸製鋼	28	176	80	40
WTB	北條 純一	サントリー	26	178	81	−
WTB/FB	栗原 徹	サントリー	25	178	80	27
WTB	小野澤 宏時	サントリー	25	180	82	16
FB	松田 努	東芝府中	33	180	86	44
FB	吉田 尚史	サントリー	28	180	80	4

日本代表戦績

①10月12日(日)
日本 11 — 32 スコットランド
(前半 6-15)
小野澤(1T)廣瀬(2PG)

②10月18日(土)
日本 29 — 51 フランス
(前半 16-20)
大畑(1T)コニア(1T)栗原(2G5PG)

③10月23日(木)
日本 13 — 41 フィジー
(前半 13-16)
ミラー(1T1G1PG1DG)

④10月27日(月)
日本 26 — 39 アメリカ
(前半 10-20)
大畑(1T)栗原(1T2G4PG)

決勝トーナメント

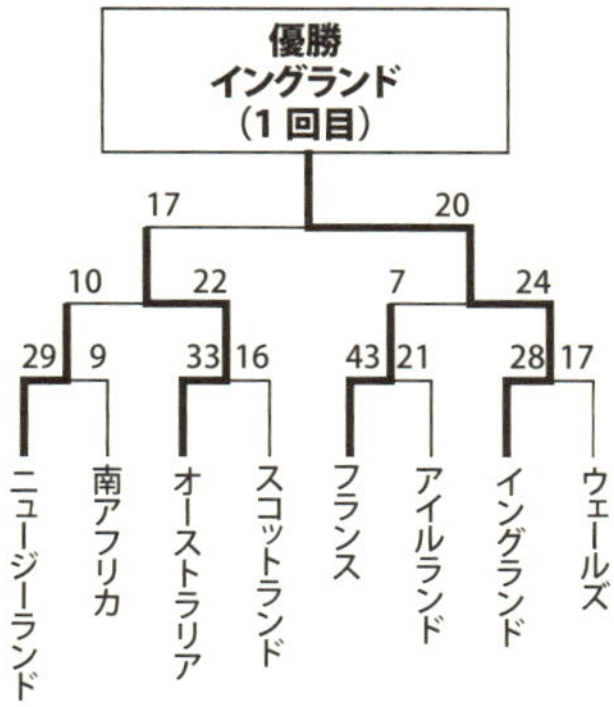

<3位決定戦>
ニュージーランド 40-13 フランス

POOL A	順位・チーム	AUS	IRE	ARG	ROU	NAM	勝	分	負	勝点
	①オーストラリア		○17-16	○24-8	○90-8	○142-0	4	0	0	18
	②アイルランド	●16-17		○16-15	○45-17	○64-7	3	0	1	15
	③アルゼンチン	●8-24	●15-16		○50-3	○67-14	2	0	2	11
	④ルーマニア	●8-90	●17-45	●3-50		○37-7	1	0	3	5
	⑤ナミビア	●0-142	●7-64	●14-67	●7-37		0	0	4	0

POOL B	順位・チーム	FRA	SCO	FIJ	USA	JPN	勝	分	負	勝点
	①フランス		○51-9	○61-18	○41-14	○51-29	4	0	0	20
	②スコットランド	●9-51		○22-20	○39-15	○32-11	3	0	1	14
	③フィジー	●18-61	●20-22		○19-18	○41-13	2	0	2	10
	④アメリカ	●14-41	●15-39	●18-19		○39-26	1	0	3	6
	⑤日本	●29-51	●11-32	●13-41	●26-39		0	0	4	0

POOL C	順位・チーム	ENG	RSA	SAM	URU	GEO	勝	分	負	勝点
	①イングランド		○25-6	○35-22	○111-13	○84-6	4	0	0	19
	②南アフリカ	●6-25		○60-10	○72-6	○46-19	3	0	1	15
	③サモア	●22-35	●10-60		○60-13	○46-9	2	0	2	10
	④ウルグアイ	●13-111	●6-72	●13-60		○24-12	1	0	3	4
	⑤グルジア	●6-84	●19-46	●9-46	●12-24		0	0	4	0

POOL D	順位・チーム	NZL	WAL	ITA	CAN	TGA	勝	分	負	勝点
	①ニュージーランド		○53-37	○70-7	○68-6	○91-7	4	0	0	20
	②ウェールズ	●37-53		○27-15	○41-10	○27-20	3	0	1	14
	③イタリア	●7-70	●15-27		○19-14	○36-12	2	0	2	8
	④カナダ	●6-68	●10-41	●14-19		○24-7	1	0	3	5
	⑤トンガ	●7-91	●20-27	●12-36	●7-24		0	0	4	1

「完璧な準備ができていたから。ゲームプランは2つ。早くラインセットしてキックの余地を与えないこと、SHマーシャルとSOスペンサーにプレッシャーをかけ続けることだった。まずキックオフから勇気を持って攻め続けた。90秒は続いた」

相手ボールのキックオフから、豪州はボールをキープし回し続ける。守っては、鋭いプレッシャーでNZにスペースを与えなかった。とくにマーシャルのアウトサイドには。

2003年の南半球の潮流は攻撃重視で、スーパーリーグでも攻撃ラグビーが展開されていた。その代表格が〝キング・カルロス〟ことスペンサーである。だから「カルロスつぶし」が焦点だったのだ。

早いプレッシャーをかけ、CTBモートロックがインターセプトから約80メートルを走りきり、先制トライをあげる。スペンサーからの2人飛ばしパスの乱れを突いた。プラン通り、豪州が先制する。その後、SOラーカムがPGを蹴り込んだ。

ディフェンスでは早いつぶしでピンチの芽を摘んでいく。豪州のタックルは131本と、85%を成功させる完成度だった。実は豪州はリーグラグビーの優秀なディフェンスコーチを置き、システマティックなアプローチの結果だったのである。

勝利の翌日、地元紙の一面には「イッツ・マジック！」との見出しがあった。エディーは言う。

「マジックではない。綿密な準備と選手のスピリットのおかげだ」

かたやイングランドはウィルキンソンのキックと、平均30歳の重厚なFWで勝ち上がった。準決勝では、ノートライながら、ウィルキンソンが左足で３ＤＧ５ＰＧを蹴り込んだ。即ち一人で24得点すべてを稼ぎ、フランスを倒した。

決勝は雨の中の壮絶な試合となった。寒い夜だった。エディーの苦い記憶がよみがえる。

「イングランドもまた、準備と鍛練と経験を積んでいた。でもボールを動かせば、イケルと思っていた。ワクワクしていたんだ」

目を閉じる。口元がゆがむ。

「99分までは自分の目の前にエリスカップ（優勝）があったんだ」

試合は80分で決着がつかず、14―14で10分ハーフの延長戦となった。観客席上部のコーチ席から両国指導陣が駆け下りる。「選手の表情を見て、勝てるという自信があふれていた」

実は豪州はイングランド相手の延長戦を想定した練習も繰り返していた。いかに相手のＤＧを防ぐか、誰がフィールドキックを蹴るのか。ここぞという時はＳＨグレーガンに任せることになっていた。

とくにエリアマネジメントを意識する。敵陣勝負である。自陣に入ると、常にウィルキンソンのＤＧの恐怖と戦わないといけない。

延長戦。互いにＰＧを蹴り込み、17―17となる。ついに１００分目である。イングランドは30歳のＳＨドーソンがラックのサイドを突破する。うまい。決定的なブレイクだ。

ラック。ドーソンがいない。ＳＨ役の34歳のＦＬバックが巨漢ＬＯの33歳のマーティン・ジョンソンに浮かし、タテを突く。

ドーソンが戻り、約20メートルのパスをウィルキンソンに送り、左足でなく、右足でＤＧを蹴り込んだ。エリスカップがエディーの手をすり抜け、初めて北半球に渡った瞬間だった。

ウィルキンソンは今大会８度目のＤＧ成功。キックだけで大会トータル１１３点をマークし、『得点王』となった。試合後の記者会見の取材ノートには「ただ勝ちたいだけだった。この大会は一生の思い出になるだろう」との彼のコメントが残る。

エディーの述懐。

「わたしの人生の中でもっとも最悪な瞬間だった」

大会の参加国は前回同様20だった。向井《むかい》昭吾《しょうご》監督率いるジャパンはよく戦った。高温多湿のタウンズビルでフランス、スコットランドを脅かし、「ブレイブ（勇気ある）ブラッサムズ」と評された。でも４戦４敗、勝利には届かなかった。チーム整備、準備不足は否めなかった。

［第6回　2007年フランス大会］

魂の大会。南ア制覇。アルゼンチン3位。日本無念

2007年秋、毎晩のごとく、安い赤ワインをしこたま飲み、選手たちの『ハート（魂）』に酔っていた。国歌斉唱の際のアルゼンチン代表の涙、トライの時の南アフリカWTBハバナのダイブ、同点ゴールが決まったあとのジャパンの歓喜。どこかアツイ大会だった。

フランスが沸いた。観客動員で史上最多の220万人を数え、テレビ視聴数は全世界で42億人に達した。サッカーW杯と五輪に次ぎ、スポーツイベントとして世界第3位の座を揺るぎないものにした。

開幕戦でアルゼンチンは開催国フランスに番狂わせを演じ、「台風の目」となった。勝利への執着、むきだしの野心。インターセプトからつなぎ、FBコルトが先制トライを奪う。常に先手をとる。サッカー出身のSOエルナンデスが変幻自在のキックを高々と蹴りあげ、勤勉なFWがブレイクダウンを制圧した。

ハートの量はディフェンスでより発揮される。アルゼンチンの怒涛の寄り、あお向けに倒す猛タックルの嵐。スタジアムに響き渡る、トランペットのファンファーレが〝情熱の国〟プーマース（アルゼンチン代表チームの愛称）を後押しする。

直前の開会式で、「レジェンド」の一人として登場した伝説のWTB坂田《さかた》好弘《よしひろ》さんはうなった。「アルゼンチンの闘志がフランスを混乱させた」と。

アルゼンチンの進撃は続く。準々決勝ではスコットランドをくだし、準決勝に進出した。史上初の4強入り。この時、主将のSHピチョットは漏らした。「俺たちはハートで歴史的なことをやってのけたのだ」と。

番狂わせでいえば、開幕戦で敗れたフランスが準々決勝では優勝候補のニュージーランド（NZ）を倒した。フランスは、キックオフ直前のNZの「ハカ」のとき、1メートル間近まで接近した。イバニェス主将はこう、言った。「挑発するつもりはなかった。ただ勇気とプライドを示したかった」と。

その勇気がタックルとなったのだ。試合のボール保持率はNZの72％に対し、フランスはわずか28％だった。でもディフェンスは最後まで崩れなかった。この大会、フランスは伝統の「フレア（閃き）」に決別し、ラポルト流のシステム重視に方向転換した。華麗な攻めより手堅い守りのラグビーはなにかと批判を浴びていた。が、ラポルト監督、曰く。「勝つラグビーこそがトレビアン（素晴らしい）。開幕戦の敗戦がハートに火をつけてくれた」と。

アルゼンチンの勢いを止めたのが、南アフリカ（南ア）である。

エースWTBハバナは豪快ダイブで2トライを挙げ、大会最多8トライに並んだ。まず4点差に迫られた前半32分、ハバナは防御網の裏にショートパントを上げ、自ら捕って左ライン際を約60メ

2007年
第6回ラグビーワールドカップ
@フランス・ウェールズ・スコットランド

日本代表メンバー ※©はキャプテン

ポジション	氏名	所属	年齢	身長	体重	Cap
GM	太田 治	日本協会				
HC	ジョン・カーワン	日本協会				
PR	山村 亮	ヤマハ発動機	26	185	114	34
PR	山本 正人	トヨタ自動車	29	185	115	25
PR	相馬 朋和	三洋電機	30	183	122	13
PR	西浦 達吉	コカ・コーラウエスト	31	176	110	7
HO	松原 裕司	神戸製鋼	27	180	100	19
HO	猪口 拓	東芝	24	176	100	1
HO	青木 佑輔	サントリー	24	176	95	2
LO	大野 均	東芝	29	191	105	20
LO	熊谷 皇紀	NEC	29	194	104	25
LO	ルアタンギ 侍バツベイ	近鉄	29	190	120	20
LO	ルーク・トンプソン	近鉄	26	194	107	5
FL/NO8©	箕内 拓郎	NEC	31	188	107	36
FL/NO8	渡邉 泰憲	東芝	33	192	104	30
FL/NO8	木曽 一	ヤマハ発動機	28	195	105	28
FL/NO8	ハレ・マキリ	福岡サニックス	29	190	103	16
FL/NO8	フィリップ・オライリー	三洋電機	27	190	100	5
FL/NO8	佐々木 隆道	サントリー	23	184	95	5
FL/NO8	浅野 良太	NEC	27	184	97	18
SH	矢富 勇毅	ヤマハ発動機	22	176	83	7
SH	吉田 朋生	東芝	25	171	78	4
SH	金 喆元	近鉄	23	171	73	―
SO	小野 晃征	福岡サニックス	20	170	87	3
CTB	大西 将太郎	ヤマハ発動機	28	180	80	24
CTB	ナタニエラ・オト	東芝	27	173	95	11
CTB	今村 雄太	神戸製鋼	22	178	90	11
CTB	平 浩二	サントリー	24	185	93	3
CTB/FB	ブライス・ロビンス	リコー	26	183	86	6
WTB	小野澤 宏時	サントリー	29	180	85	35
WTB	遠藤 幸佑	トヨタ自動車	26	186	92	13
WTB	クリスチャン・ロアマヌ	埼玉工業大3年	21	188	108	7
WTB	北川 智規	三洋電機	24	175	80	2
FB	有賀 剛	サントリー	23	175	85	7
FB	久住 辰也	トヨタ自動車	26	180	85	―

日本代表戦績

①9月8日(土)
日本 3 ― 91 オーストラリア
(前半3-23)
小野(1PG)

②9月12日(水)
日本 31 ― 35 フィジー
(前半9-10)
相馬(1T) トンプソン(2T) 大西(2G4PG)

③9月20日(木)
日本 18 ― 72 ウェールズ
(前半11-29)
小野澤(1T) 遠藤(1T) ロビンス(1G)
大西(2PG)

④9月25日(火)
日本 12 ― 12 カナダ
(前半5-0)
遠藤(1T) 平(1T) 大西(1G)

決勝トーナメント

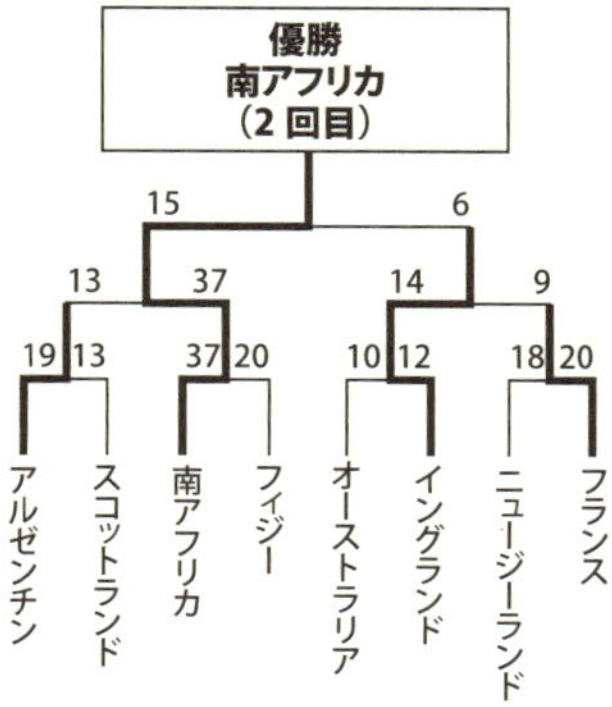

<3位決定戦>
アルゼンチン 34-10 フランス

POOL A

順位・チーム	RSA	ENG	TGA	SAM	USA	勝	分	負	勝点
①南アフリカ		○36-0	○30-25	○59-7	○64-15	4	0	0	19
②イングランド	●0-36		○36-20	○44-22	○28-10	3	0	1	14
③トンガ	●25-30	●20-36		○19-15	○25-15	2	0	2	9
④サモア	●7-59	●22-44	●15-19		○25-21	1	0	3	5
⑤アメリカ	●15-64	●10-28	●15-25	●21-25		0	0	4	1

POOL B

順位・チーム	AUS	FIJ	WAL	JPN	CAN	勝	分	負	勝点
①オーストラリア		○55-12	○32-20	○91-3	○37-6	4	0	0	20
②フィジー	●12-55		○38-34	○35-31	○29-16	3	0	1	15
③ウェールズ	●20-32	●34-38		○72-18	○42-17	2	0	2	12
④日本	●3-91	●31-35	●18-72		△12-12	0	1	3	3
⑤カナダ	●6-37	●16-29	●17-42	△12-12		0	1	3	2

POOL C

順位・チーム	NZL	SCO	ITA	ROU	POR	勝	分	負	勝点
①ニュージーランド		○40-0	○76-14	○85-8	○108-13	4	0	0	20
②スコットランド	●0-40		○18-16	○42-0	○56-10	3	0	1	14
③イタリア	●14-76	●16-18		○24-18	○31-5	2	0	2	9
④ルーマニア	●8-85	●0-42	●18-24		○14-10	1	0	3	5
⑤ポルトガル	●13-108	●10-56	●5-31	●10-14		0	0	4	1

POOL D

順位・チーム	ARG	FRA	IRE	GEO	NAM	勝	分	負	勝点
①アルゼンチン		○17-12	○30-15	○33-3	○63-3	4	0	0	18
②フランス	●12-17		○25-3	○64-7	○87-10	3	0	1	15
③アイルランド	●15-30	●3-25		○14-10	○32-17	2	0	2	9
④グルジア	●3-33	●7-64	●10-14		○30-0	1	0	3	5
⑤ナミビア	●3-63	●10-87	●17-32	●0-30		0	0	4	0

ートルも駆け抜けた。さらには後半36分、相手パスをインターセプトし、約80メートルを回転数の早い足で走りきった。

南アは最初と最後のトライがいずれもインターセプトから。SOエルナンデスの位置が深く、広くフラットなラインの特徴を読み、長いパスを狙っていた。ブレイクダウンでもフィジカルでひけをとらなかった。

決勝は南ア×イングランドの南半球・北半球対決となった。エースが南アWTBのハバナとイングランドSOウィルキンソン。ともにタックルがハード、キックもその処理も堅実である。

両チームのFWはからだを張った。南アの勝因はラインアウトの安定、ブレイクダウンの圧力にあった。とくにラックには迫力がある。ハートがこもっていた。ジャパンの核弾頭、LO大野《おおの》均《ひとし》さんも驚く。「すごいオーバーですね。一人ひとりが前に出て、必ずボールに絡んでいく。しっかりボールの位置を見極め、その上を乗り越えています」と。

余談をひとつ。大野さんは南アのLOボタのラックの突っ込みに感心し、翌日の練習でマネして激しくやってみたそうだが、首をひどく痛めてしまったのだった。

決勝戦は両チームノートライ、南アが得点王に輝いたFBモンゴメリの4PGなどでイングランドに粘り勝った。勝敗を分けたプレーは後半開始直後の南アNO8ロッソウのタックルである。イングランドがつないでWTBクエトーが左隅に飛び込んだところ、ロッソウが好バッキングアップから右手の指をひっかけ押し出した。ビデオ判定の末、これがタッチとなったのだ。

大野さんは言う。

「この執念。この我慢。最後はハートの問題です」

ジャパンはこの大会、フィジーと大接戦を演じ、最後のカナダ戦ではラストワンプレーでトライを返した。肋軟骨骨折をおして出場したＣＴＢ大西《おおにし》将《しょう》太郎《たろう》さんが難しい位置の同点ゴールを蹴り込んだ。引き分け。結局、１勝もできなかったけれど、ジョン・カーワン（ＪＫ）ヘッドコーチ率いるＪＫジャパンの成長の跡は示した。

［第7回　2011年ニュージーランド大会］

開催国NZが24年ぶりV

熱狂の6週間だった。ラグビーワールドカップ（RWC）が開催国ニュージーランド（NZ）の優勝で幕を閉じた。街はNZの活躍でどこも盛り上がり、入場券収入も目標を達成した。目を閉じれば、「オールブラックス！　オールブラックス！」の歓声が耳にひびいてくる。

オールブラックスは強かった。7試合を戦い、301得点、40トライをマークした。鍛え抜かれた個人技と身体能力を生かして、パスを散らしてつないでいく攻撃的ラグビーをみせた。スピード豊かな展開ラグビーは見ていてオモシロい。ワクワクする。

よく見れば、小さい頃からよほど厳しく教え込まれたのだろう、確かな基本プレーがベースにあった。パス、ラン、タックル、キック、ダウンボール、サポートプレー。その基本技があればこそ、CTBノヌー、スミスやFBダグら魅惑的な選手が並ぶバックス、FLのマコウ主将やLOのソーンら勤勉なフォワードがより光輝いたのだ。

選手層も厚い。大黒柱のSOカーターらけが人が相次ぎ、マコウ主将も右足の負傷をおしての奮戦だった。決勝（2011年10月23日・オークランド）では、22歳の代役SOクルーデンまでけがで交代することになった。でも国内4番手のドナルドが代わりを無難にこなした。チームの団結は揺

2011年
第7回ラグビーワールドカップ
@ニュージーランド

日本代表メンバー　※◎はキャプテン

ポジション	氏名	所属	年齢	身長	体重	Cap
GM	太田 治	日本協会				
HC	ジョン・カーワン	日本協会				
PR	平島 久照	神戸製鋼	28	180	110	27
PR	畠山 健介	サントリー	25	184	118	18
PR	藤田 望	Honda	26	191	118	14
PR	川俣 直樹	パナソニック	25	184	118	18
HO	堀江 翔太	パナソニック	25	180	104	17
HO	青木 佑輔	サントリー	28	176	95	22
HO	湯原 祐希	東芝	27	173	105	9
LO	北川 俊澄	トヨタ自動車	30	195	110	42
LO	トンプソン・ルーク	近鉄	30	196	109	37
LO	大野 均	東芝	33	192	105	54
LO	ジャスティン・アイブス	パナソニック	27	196	100	8
LO	北川 勇次	パナソニック	25	195	118	6
FL	マイケル・リーチ	東芝	22	190	103	22
FL	◎菊谷 崇	トヨタ自動車	31	187	100	48
FL	バツベイ・シオネ	パナソニック	28	189	100	8
FL	タウファ 統悦	近鉄	30	183	105	22
NO8	ホラニ 龍コリニアシ	パナソニック	29	188	111	20
NO8	谷口 到	神戸製鋼	26	188	105	10
SH	田中 史朗	パナソニック	26	166	75	31
SH	吉田 朋生	東芝	29	172	78	25
SH	日和佐 篤	サントリー	24	166	71	10
SH	麻田 一平	トヨタ自動車	31	166	75	—
SO	ジェームズ・アレジ	ノッティンガム	32	187	93	32
SO	マリー・ウィリアムズ	豊田自動織機	29	180	86	6
CTB	ニコラス・ライアン	サントリー	32	192	100	35
CTB	アリシ・トゥプアイレイ	キヤノン	30	187	116	20
CTB	平 浩二	サントリー	28	185	94	32
CTB	ブライス・ロビンス	Honda	30	183	95	25
CTB	今村 雄太	神戸製鋼	26	178	93	33
WTB	小野澤 宏時	サントリー	33	180	85	68
WTB	遠藤 幸佑	トヨタ自動車	30	186	90	41
WTB	宇薄 岳央	東芝	25	180	88	7
FB	ウェブ 将武	コカ・コーラウエスト	29	180	90	35
UB	上田 泰平	Honda	29	180	89	6

日本代表戦績

①9月10日(土)
日本 21 — 47 フランス
(前半 11-25)
アレジ (2T1G3PG)

②9月16日(金)
日本 7 — 83 ニュージーランド
(前半 0-38)
小野澤 (1T) ウィリアムズ (1G)

③9月21日(水)
日本 18 — 31 トンガ
(前半 13-18)
畠山・リーチ・トゥプアイレイ (各1T)
ウェブ (1PG)

④9月27日(火)
日本 23 — 23 カナダ
(前半 17-7)
遠藤 (1T) 堀江 (1T) アレジ (2G3PG)

決勝トーナメント

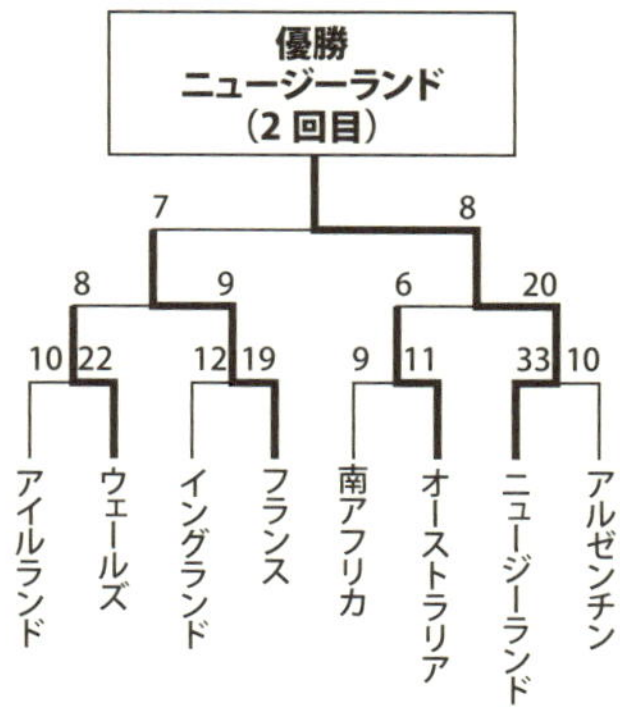

<3位決定戦>
オーストラリア 21-18 ウェールズ

POOL A	順位・チーム	NZL	FRA	TGA	CAN	JPN	勝	分	負	勝点
	①ニュージーランド		○37-17	○41-10	○79-15	○83-7	4	0	0	20
	②フランス	●17-37		●14-19	○46-19	○47-21	2	0	2	11
	③トンガ	●10-41	○19-14		●20-25	○31-18	2	0	2	9
	④カナダ	●15-79	●19-46	○25-20		△23-23	1	1	2	6
	⑤日本	●7-83	●21-47	●18-31	△23-23		0	1	3	2

POOL B	順位・チーム	ENG	ARG	SCO	GEO	ROU	勝	分	負	勝点
	①イングランド		○13-9	○16-12	○41-10	○67-3	4	0	0	18
	②アルゼンチン	●9-13		○13-12	○25-7	○43-8	3	0	1	14
	③スコットランド	●12-16	●12-13		○15-6	○34-24	2	0	2	11
	④グルジア	●10-41	●7-25	●6-15		○25-9	1	0	3	4
	⑤ルーマニア	●3-67	●8-43	●24-34	●9-25		0	0	4	0

POOL C	順位・チーム	IRE	AUS	ITA	USA	RUS	勝	分	負	勝点
	①アイルランド		○15-6	○36-6	○22-10	○62-12	4	0	0	17
	②オーストラリア	●6-15		○32-6	○67-5	○68-22	3	0	1	15
	③イタリア	●6-36	●6-32		○27-10	○53-17	2	0	2	10
	④アメリカ	●10-22	●5-67	●10-27		○13-6	1	0	3	4
	⑤ロシア	●12-62	●22-68	●17-53	●6-13		0	0	4	1

POOL D	順位・チーム	RSA	WAL	SAM	FIJ	NAM	勝	分	負	勝点
	①南アフリカ		○17-16	○13-5	○49-3	○87-0	4	0	0	18
	②ウェールズ	●16-17		○17-10	○66-0	○81-7	3	0	1	15
	③サモア	●5-13	●10-17		○27-7	○49-12	2	0	2	10
	④フィジー	●3-49	●0-66	●7-27		○49-25	1	0	3	5
	⑤ナミビア	●0-87	●7-81	●12-49	●25-49		0	0	4	0

るがなかった。

決勝は白熱した戦いだった。相手はフランス。予選プールの対戦ではNZが37―17で圧勝した。でもファイナルではフランスが意地を見せた。予選プールの時とはまったく違ったのだ。自陣でもほとんどキックを蹴らず、パスで大胆につないできた。

後半序盤に1点差に詰め寄られると、NZは残る30分余、防戦一方となった。でも守りきった。ディフェンス網が乱れても、個人のタックルの激しさと精度は変わらなかった。粘って、耐えて、8―7で逃げきった。430万国民の夢を背負った、〝傷だらけ〟のオールブラックスが頂点に立ったのだ。

1987年の第1回大会以来、じつに24年ぶりの優勝である。けがでボロボロのマコウ主将は言った。

「疲れ果てて言葉もない。持てる力のすべてを出しきったことを誇りに思う。これもNZの人々のサポートのお陰だ」

確かにNZ人の後押しは大きかった。ラグビーを宗教みたいに信仰する。時には選手への重圧となろうが、やはり土壇場では「力」になる。そのNZ人の「熱」を肌で感じていただけに、勝ってよかった、とつくづく思う。

決勝戦のあと、市街地は夜明けまでお祭り騒ぎとなった。車のクラクションが鳴り続け、酔っ払いの大声が飛び交った。「オールブラックス！　オールブラックス！」と。

会場はどこもほぼ満杯で、90%のチケットが売れた。入場券の販売額は目標の2億6850万NZドル（約160億円）を突破した。RWC中、『リアル・NZ・フェスティバル』と銘打たれたイベントが各地で開催された。食べ物、観光、特産品と各都市の魅力満載の催しで、どこも人、人、人だった。

6週間、NZ国内をひとりで旅して回った。大会収支はともかく、盛り上がりという観点でみれば、ラグビー王国のRWCは大成功だったと思う。正直、これで日本代表がひとつでも勝っていれば、もっとよかったのだが。

ジョン・カーワン（JK）ヘッドコーチ率いるラグビー日本代表は目標の「2勝」に届かないどころか1勝もできず、1分け3敗で予選プールで敗退した。課題は山ほどあれど、一言でいえば、勝負弱さ、「個」と「チーム」の経験値が不足していたのだった。

JKは勝つため、30人中10人の外国出身者を選んだ。選手選考はヘッドコーチの専権事項ゆえ、とやかく言う筋合いのものではない。

最後のカナダ戦（2011年9月27日）。場所はニュージーランド北島南部の海浜リゾート地のネイピアだった。青い青い空が広がり、マクレーン・パークの記者席からは群青色の海が一望できた。

日本代表は10点のリードを守りきれず、終了直前、相手PGで23―23と追いつかれた。くしくも、前回RWCの最終戦と同じく、カナダと引き分けた。ただ前回は勝利に等しいドローだったが、今回は敗戦同様の引き分けである。ノーサイドの瞬間、選手たちは呆然と立ち尽くした。主将の菊《きく》谷崇《たにたかし》とベテラン大野均は肩を抱き合い、悔し涙にくれた。

なぜ勝てなかったのか。「1対1のタックルミス」と「ハンドリング技術の不足」である。試合運びも雑だった。FWが密集戦でよくファイトしているのだけれど、ここぞという時のラックではあっという間にあおられた。ゴール前ではハンドリングミスや反則でチャンスをつぶす。

4年間の成長を問われ、太田治ゼネラルマネジャーは言った。

「言い方が悪いかもしれないけれど、停滞した。前進できなかった」

［第8回　2015年イングランド大会］

ああブライトンの奇跡、そしてオールブラックス連覇

吉兆の虹。

ブライトンの奇跡。

かの歓喜の夜から4年が経った。でも、今も脳裏に残る異国の空がある。綺麗な「ダブル・レインボー」だ。良いことの起こる前兆といわれる、二重に重なったカラフルな虹である。

ラグビーのワールドカップ（RWC）の開幕を3日後に控えた英国はブライトンの日本合宿地だった。練習を終え、エディー・ジョーンズヘッドコーチも選手たちも空をただ見上げていた。日本代表の稲垣純一チーム・ディレクター（当時）もしみじみと思い出す。

「きれいな虹がふたつ、グラウンドの上にできたんだよ。これは何かの吉兆だと思った」

日本ラグビーの歴史が動き出そうとしていた。後出しじゃんけんのようで恐縮ながら、RWCを1987年第1回大会からすべて取材してきた僕も、今回は何かやってくれそうだ、そう感じていた。

だって、エディーという強烈な意志を持った指揮官のもと、有能なスタッフと覚悟を秘めた選手たちが「ワンチーム」となっていたからだ。何度もカオス（混沌）はあった。崩壊寸前までいった。

でもカオスを乗り越え、イングランドではひとつになった。

選手は、自分たちが日本ラグビーを変えるんだ、という大義を持っていた。だから、エディーの理不尽で苛烈なハードワークにも耐え抜いた。日本の弱点とされてきた「自主性」を選手たちはつかんだ。

選手たちは自ら、国歌斉唱の練習を始めた。RWC代表は31人、うち外国出身選手は10人だった。外国選手も歌詞の意味まで理解し、何度も大声で「君が代」を歌う練習を積んだのだった。

「JAPAN WAY」と書かれたパズルもそうだった。開幕戦の南アフリカ戦の直前、エディーほかスタッフ、選手たちがみんなでピースをひとつずつはめていく。最後のピースは主将のリーチ・マイケルだった。

試合前夜のミーティング。4年間を振り返る5分間程度のビデオを見た。最後に画面に言葉が浮かび上がる。全員が泣いた。

〈CREAT NEW HISTORY〉

エディーが指揮官になって4年間、1年目のテーマが「フィットネス」、2年目は「ストレングス」、3年目は「チームプレー」、そして勝負の4年目が「自主性」だった。

2015年9月19日の南アフリカ戦。ロスタイム。日本はゴール前でペナルティーキックをとった。リーチ・マイケル主将は迷わず、スクラムを選択した。

スタンドのコーチングボックスのエディーは「ショット！（PG）」と怒鳴っていた。3点を加

2015年
第8回ラグビーワールドカップ
@イングランド・ウェールズ

日本代表メンバー　※©はキャプテン

ポジション	氏名	所属	年齢	身長	体重	Cap
GM	岩渕 健輔	日本協会				
HC	エディー・ジョーンズ	日本協会				
PR	畠山 健介	サントリー	30	178	115	72
PR	山下 裕史	神戸製鋼	29	183	122	49
PR	三上 正貴	東芝	27	178	115	32
PR	稲垣 啓太	パナソニック	25	183	115	10
HO	湯原 祐希	東芝	31	173	102	22
HO	堀江 翔太	パナソニック	29	180	105	42
HO	木津 武士	神戸製鋼	27	183	114	41
LO	大野 均	東芝	37	192	106	96
LO	伊藤 鐘史	神戸製鋼	34	191	100	36
LO	トンプソン・ルーク	近鉄	34	196	108	63
LO	真壁 伸弥	サントリー	28	192	118	34
FL	アイブス・ジャスティン	キヤノン	31	196	105	33
FL	マイケル・ブロードハースト	リコー	29	196	111	26
FL	©リーチ・マイケル	東芝	27	190	105	47
NO8	ホラニ 龍コリニアシ	パナソニック	34	188	112	44
NO8/FL	ツイ・ヘンドリック	サントリー	27	189	107	36
NO8	アマナキ・レレイ・マフィ	NTTコミュニケーションズ	25	189	112	7
SH	田中 史朗	パナソニック	30	166	71	53
SH	日和佐 篤	サントリー	28	166	72	51
SO	廣瀬 俊朗	東芝	34	173	82	28
SO	小野 晃征	サントリー	28	171	83	32
SO/CTB	立川 理道	クボタ	25	181	94	43
CTB/SO	クレイグ・ウィング	神戸製鋼	35	180	90	11
CTB	マレ・サウ	ヤマハ発動機	28	183	97	26
CTB	田村 優	NEC	26	181	92	35
CTB/WTB	松島 幸太朗	サントリー	22	175	88	16
WTB	山田 章仁	パナソニック	30	181	90	15
WTB/CTB	カーン・ヘスケス	宗像サニックス	30	178	98	14
WTB	福岡 堅樹	筑波大4年	23	175	83	17
WTB/FB	藤田 慶和	早稲田大4年	22	184	90	29
FB	五郎丸 歩	ヤマハ発動機	29	185	99	57

日本代表戦績

①9月19日(土)
日本 34 — 32 南アフリカ
(前半 10-12)
リーチ（1T）五郎丸（1T2G5PG）ヘスケス（1T）

②9月23日(水)
日本 10 — 45 スコットランド
(前半 7-12)
マフィ（1T）五郎丸（1G1PG）

③10月3日(土)
日本 26 — 5 サモア
(前半 20-0)
PT・山田（1T）五郎丸（2G4PG）

④10月11日(日)
日本 28 — 18 アメリカ
(前半 17-8)
松島・藤田・マフィ（各1T）五郎丸（2G3PG）

決勝トーナメント

優勝
ニュージーランド
（3回目）

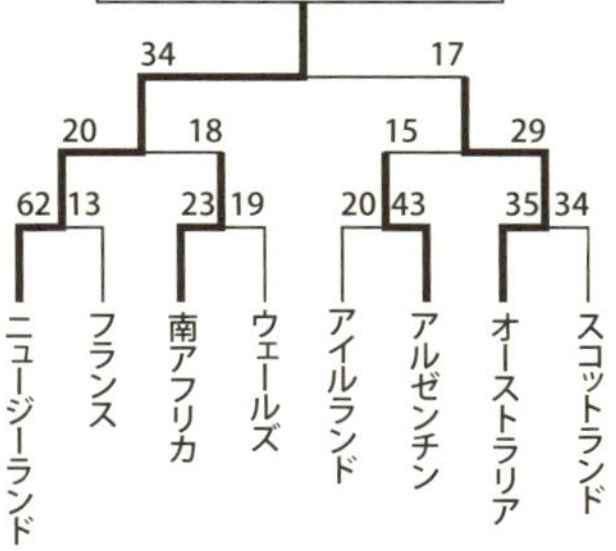

<3位決定戦>
南アフリカ 24-13 アルゼンチン

POOL A	順位・チーム	AUS	WAL	ENG	FIJ	URU	勝	分	負	勝点
	①オーストラリア		○15-6	○33-13	○28-13	○65-3	4	0	0	17
	②ウェールズ	●6-15		○28-25	○23-13	○54-9	3	0	1	13
	③イングランド	●13-33	●25-28		○35-11	○60-3	2	0	2	11
	④フィジー	●13-28	●13-23	●11-35		○47-15	1	0	3	5
	⑤ウルグアイ	●3-65	●9-54	●3-60	●15-47		0	0	4	0

POOL B	順位・チーム	RSA	SCO	JPN	SAM	USA	勝	分	負	勝点
	①南アフリカ		○34-16	●32-34	○46-6	○64-0	3	0	1	16
	②スコットランド	●16-34		○45-10	○36-33	○39-16	3	0	1	14
	③日本	○34-32	●10-45		○26-5	○28-18	3	0	1	12
	④サモア	●6-46	●33-36	●5-26		○25-16	1	0	3	6
	⑤アメリカ	●0-64	●16-39	●18-28	●16-25		0	0	4	0

POOL C	順位・チーム	NZL	ARG	GEO	TGA	NAM	勝	分	負	勝点
	①ニュージーランド		○26-16	○43-10	○47-9	○58-14	4	0	0	19
	②アルゼンチン	●16-26		○54-9	○45-16	○64-19	3	0	1	15
	③ジョージア	●10-43	●9-54		○17-10	○17-16	2	0	2	8
	④トンガ	●9-47	●16-45	●10-17		○35-21	1	0	3	6
	⑤ナミビア	●14-58	●19-64	●16-17	●21-35		0	0	4	1

POOL D	順位・チーム	IRE	FRA	ITA	ROU	CAN	勝	分	負	勝点
	①アイルランド		○24-9	○16-9	○44-10	○50-7	4	0	0	18
	②フランス	●9-24		○32-10	○38-11	○41-18	3	0	1	14
	③イタリア	●9-16	●10-32		○32-22	○23-18	2	0	2	10
	④ルーマニア	●10-44	●11-38	●22-32		○17-15	1	0	3	4
	⑤カナダ	●7-50	●18-41	●18-23	●15-17		0	0	4	2

え、同点でいい。でも、自主性が備わった選手たちは逆転のトライを欲した。

「スクラム、組もうぜ！」

34―32。それまで7大会で1勝しかしたことのなかった日本が、RWC2度優勝のラグビー大国を破った。日本代表は戦う集団と化していた。当時37歳のレジェンド、キンちゃんこと大野均は男泣きした。

スクラムコーチのフランス人マルク・ダルマゾは漏らした。

「あの瞬間、日本の選手は〝草食動物〟から〝肉食動物〟に変わった」

結局、日本は3勝1敗でRWCを終えた。勝ち点差で決勝トーナメントには進めなかった。五郎丸歩は悔しくて泣いた。でも世界への扉は開けた。RWCで一番、印象を与えたチームにも選ばれた。

日本の選手たちはタフになった。

安定したスクラム、ラインアウト。世界一のフィットネス。低く鋭いタックル。エディーは「忍者ボディーと侍の目を手に入れた」とたとえた。ああ、試合を思い出すだけで胸が熱くなる。ビールが飲みたくなる。

五郎丸歩選手は言った。

「奇跡ではなく、勝利は必然です。ラグビーにヒーローはいない。みんながヒーローです」

正しい準備と究極のハードワーク。ベストを尽くす貴さを五郎丸選手は教えてくれた。

そして、ああ、またも……。

戦いの前の雄たけび、戦慄のハカがスタジアムを圧倒する。ニュージーランド（NZ）のオールブラックスである。

我がワールドカップの記憶はオールブラックスとともにある。

初めての1987年RWCではオールブラックスの「ブラック・ブランケット・パワー」に驚いた。RWC史の1行目。だれもがオールブラックの戴冠に納得した。

その後、トップにたどりつけない。ウソだろう。毎回、取材しては、まさかの敗退に我が目を疑った。でもNZで開催された2011年RWCでは24年ぶりにエリスカップを取り戻した。そして、この大会、連覇である。

世界一のチームには、世界一のキャプテンがいる。NZの至宝、リッチー・マコウである。NZのファンたちからはこう、呼ばれる。「The Man of all」。直訳すると、「すべてを備えた男の中の男」といったところだろうか。

マコウの接点でのからだの使い方はエクセレントだった。時にずるく、時に激しく。「ボールあるところにマコウあり」。決勝戦が148キャップ目（世界最多記録）。34歳はRWCから2週間後、現役引退を表明した。

僕らラグビーメディアは、リッチー・マコウと同時代に生き、彼のナマのプレーを取材することができたことを神に感謝しなければならない。アイ・サンク・ゴッド！

決勝戦直後に引退を口にすれば、メディアの露出の多くを奪ってしまう。いかにもマコウらしい配慮がみえる。引退後は、クライストチャーチでヘリコプターのパイロットになるという。

むろん役者はRWCのステージにたくさんいた。NZのSOダン・カーター、CTBソニー・ビル・ウィリアムズ……。豪州のFBイズラエル・フォラウは異次元のランニングを随所で見せた。個人的には、元釜石シーウェイブス在籍の時に取材した気のいい豪州のLOスコット・ファーディーの奮闘に胸がじんときた。

3位決定戦では、南アフリカのブライアン・ハバナである。その時32歳。RWC通算最多トライ記録（15）の更新はならなかったけれど、タイミングよくボールに絡み、チームの勝利に貢献した。


訃報がひとつ。オールブラックスのレジェンド、ジョナ・ロムー氏が2015年11月18日、NZで亡くなった。直前のRWCイングランド大会で姿を見たのに……。196センチ、120キロでありながら、100メートルを10秒台で爆走した。95年と99年のRWCに出場し、大会通算最多の15トライを記録した。

1996年には重い腎臓疾患「ネフローゼ症候群」と診断され、長期休養を経て復活した。彼ぞ、勇敢なファイター、まさにラガーマンだった。40歳で逝った。合掌。

4　レジェンド・インタビュー・五郎丸歩

RWC2019日本大会の機運醸成に貢献する人気選手、
五郎丸歩（撮影：築田純）

2015年RWC回顧

２０１９年春、ラグビーワールドカップ（ＲＷＣ）日本大会の開幕まであと4カ月となった。「温故知新」である。「日本ラグビーの歴史を変えた」といわれた２０１５年イングランド大会を振り返る。日本ラグビーの〝プラチナ〟、ポイントゲッターとして日本代表を牽引し、ワールドカップベストフィフティーンにも選ばれた五郎丸歩（ヤマハ発動機）である。

４月某日。葉山マリーナそばの海沿いの白色の地中海風レストラン。遠くに雪をかぶった富士山がそびえ、目の前には群青色の太平洋が広がる。陽ざしもまばゆい。逗子警察署の「一日署長」を終え、五郎丸はそこに駆けつけてくれた。

人気者は相変わらず忙しい。その前日にはNHKのラグビーワールドカップのナビゲーター就任の記者発表があった。試合の中継番組に出演するということは選手としては出場しないことを意味する。「選手としてピッチに立つことは？」と唐突に聞けば、33歳は短く、「ない」と言い切った。静かに続ける。

「15年（RWC）以降、まったくその気はありませんでした。戦う前から、（代表引退を）決めていました。これが最後と。だから、海外にも行ったし、ラグビー以外の仕事もたくさん受けて。それが自分の役目かなと思っていたんです」

ちょっと驚く。初めて知った。でも、あの結果を出したあと、気持ちが変わることはなかったのだろうか。そう問えば、「ならなかったですね」とつぶやいた。それまでラグビー中心の生活を送っていた。結婚して子どもができた。その長男とのエピソード。

「上の子が3歳の時です。家の近くの公園に行って、子どもと一緒に遊んでいたんです。僕がカニをパッと素手で捕まえたら、生まれて初めて、〝パパすごいね〟って言ったんです。ラグビーではなくて、すごく身近なことに〝すごい〟と感じている。その一言が僕の中では大きくて……。なんか、父親らしいことをしなくちゃいけないなって」

その瞬間、人生観が少し変わった。

「代表は引退するんだけど、（ヤマハでプレーしながら）露出面に関してはできるだけやらせてもらって、あとは子どもたちへのラグビーの普及などをやりながら、家族を守っていきたいなと切り替えができましたね」

勝利は必然だった

――さて、２０１５年のイングランド大会のことです。目をつむってもらって、真っ先に思い出すシーンは何でしょうか。

どうでしょう。勝った瞬間というよりも、ホテルに帰って、自分の部屋にいる時、携帯を見るじゃないですか。その時に、世界の反応みたいのが、結構、バンバンあって……。フェイスブックとかユーチューブとかツイッターとかに上がっていて。なんか、すごいことを起こしたなって、少しずつ実感がわいてきた時ですかね。ピッチにいた時はただ〝勝った〜〟みたいな、ほわっとした感じでしたけど、あとからそういうものってきますよね。

――開幕カードで、優勝候補の南アフリカ代表に34―32で逆転勝ちを収めた日のことですよね。日本代表は英国ブライトンの海沿いのホテルに泊まっていました。どんな喜びだったのでしょうか。

自分たちの目標は、やっぱり、ラグビー界を盛り上げて、２０１９年ワールドカップにつなげたいというのがあったんです。日本のラグビーの地位をもっと上げて、次の選手たちにバトンタッチしたいというのが強かったんです。それを超えて、世界に衝撃を与えたわけですから。ブライトンのビーチのパブリックビューイングでも騒いでいる光景を見て、すごくうれしかったですね。

――その試合、語り継がれる場面となった最後のスクラムですが。29―32の場面、ペナルティーを

もらって、同点ＰＧ狙いではなく、日本はスクラムを選択しました。逆転のトライ狙いでした。会場は満員2万３０００の観衆の「ジャパンコール」で埋め尽くされました。

ショット（ＰＧ）の選択肢は僕らにはなかったと思います。バックスもフォワードも、あの時は。

——歴史をつくるためには勝たないといけない、ということですか。

その言葉が一番正しいと思いますし、やっぱり、ラストまで戦える力を４年間で作り上げてきた自信もありました。とにかく、勝ちにこだわりたかったんです。

——その前、相手は29―29からＰＧで3点差としました。以前、「その時に勝てるなと実感した」と話をしていましたよね。「仙豆《せんず》をもらって、めちゃくちゃ元気になった」と。

そうです。漫画『ドラゴンボール』に出てくる不思議な豆の仙豆、からだが弱った時にひと粒食べるとすごく元気になる豆です。あの時、めちゃくちゃ疲れていたけれど、あのＰＧで、ああ、これはもう〝イケるでしょ〟って。元気になったんです、ははは。

——エネルギーをもらったんですね。

南アフリカとか、ニュージーランドとか、オーストラリアとか、すごい雲の上の人たちだったのに、そんな人たちが必死に勝ちにきたというか、試合を置きにきたというか、３点差でもいいから勝ちたいという姿勢が逆に僕らに力をくれたような気がします。あの南アフリカがショットを狙って３点かって。

——最後は、カーン・ヘスケスが左隅に飛び込みました。逆転のトライです。その瞬間は。

覚えています。ぼくは右端にいたんです。すごく遠くでみんなが抱き合っていて、〝やったんだな〟って。スタジアムの雰囲気とか、最高でしたね。

——試合後の「ミックスゾーン」と呼ばれる取材エリア。たしか、記者の誰かが「奇跡」という言葉を使ったら、五郎丸さんは「奇跡でも偶然でもない、必然です」と言いました。カッコよかったですね。

ぼくは3歳からやっているので、ラグビーは力の差が確実に出るスポーツだとわかっているんです。サッカーみたいに1点決めて守りきるみたいなことはできません。フィジカルスポーツでコンタクトもある。弱いところを隠せないんです。あのフィジカルが一番強い南アフリカに勝ったということは奇跡であるはずがありません。それまでの準備を含めて、やれることは全部やったんです。僕らは南アフリカの選手が寝ている間、朝に起きて練習をやってきたんです。いまだに奇跡、奇跡と言われますけど。まあ、神話っぽくしていたほうが受け継がれるのかなって、最近は思いますが。

毎年の目標設定とマッチメイクが絶妙だった

——ほんと、エディー・ジャパン、ムチャクチャ練習してましたものね。

そう、やってました。一日のオフはない。基本、半日しか休みがないんです。オフの日でもヘッドスタートがあったりとか。

——密度の濃い準備の4年間だったんですね。

すごく刺激的でした。エディー・ジョーンズヘッドコーチがすごかったのは、毎年の目標設定が絶妙だったということです。1年目はヨーロッパツアーで、日本がまだ勝利したことがないテストマッチに勝ちましょうって。2年目はウェールズにも、あの時はブリティッシュ&アイリッシュライオンズ（全英国代表）に何人かいくので、これくらいトレーニングしたら勝てるよって。なんかこう、頑張らないと手が届かないところに常に目標を設定してくれていたんです。結構、明確に選手たちに落とし込んでくれたし、マッチメイクも絶妙だったなと思います。

――チーム結成当初の目標は。

最初から世界一目指しますって言われても、なんとも選手には響かなかったと思いますけど、2011年のファーストミーティングでは〝トップ10に入る〟って言ったんです。その時、14位ぐらいだったのかな。頑張ったらイケそうだなって思いました。そしてトップ10に入ったら、すぐに上方修正して、〝ベスト8〟に行こうって。

涙のワケ、3勝1敗でも決勝トーナメントに進めず

日本ラグビー史に燦然と輝く2015年のラグビーワールドカップ。日本代表は初戦の南アフリカ戦で番狂わせを演じたあと、「中3日」で迎えたスコットランド代表には敗北を喫した。でも難敵サモア代表には完勝し、南アフリカ戦が奇跡でなかったことを証明した。決勝トーナメントへの道が断たれたあとのアメリカ戦でもプライドを示し、結局、3勝1敗の好成績を残した。

目標を達成することはできなかったが、日本代表は世界のトップクラスにも伍していけるという自信を得ることはできた。一躍「時の人」となった五郎丸歩は、プール戦4試合すべてに出場し、1トライ7ゴール13ペナルティーゴールの合計58得点をマークした。たしか五郎丸は最後のアメリカ戦の試合後のテレビインタビューで、「複雑ですね」と漏らすと、言葉を詰まらせ、左の手の平で顔を覆ったのだった。

あれから4年が経った。4月某日。あの時の涙の理由を聞けば、「ほんと、いろいろな感情が交じっていました」と静かに言った。

「代表引退を自分の中で決めていたし、目標であるクオーターファイナルに届かなかったし……。一番、心にあったのは、このチームがこれで解散してしまうというさみしさでした」

あと一歩だった。あと一歩。決勝トーナメントに勝ち上がれば、8万2000人収容のトゥイッケナムスタジアムで準々決勝を戦うことになっていた。

「やっぱり、トゥイッケナムでやりたかったですか」と聞いた。五郎丸は視線を遠くに運び、つぶやく口調で続けた。

「やりたかったですね」

日本でテレビを見る人のことを考えていた

――南アフリカ戦勝利のあとの3試合。一番印象に残る試合はどれでしょうか。

やっぱりサモアとの試合は、僕らのラストチャンスだと思っていたんです。南アフリカに勝って、スコットランドに大敗（10―45）して、やっぱり南アフリカ戦は奇跡だったんだと思われそうになりました。日本国内のテレビ放送時間を考えた時、サモア戦（日本時間10月3日午後10時半キックオフ）が一般の方が観るラストチャンスだったんです。4戦目のアメリカ戦（同10月12日午前4時キックオフ）は未明でしょ。サモア戦で結果を出さないと、自分たちが出したメッセージはただの奇跡で終わってしまうって思っていたんです。だから、チームとしてもかなり準備しました。

――日本でテレビを観る人のことを考えていたんですか。

はい。僕は気にしていました。

――日本代表は26―5の完勝でしたね。

ええ完勝でした。

――発信したいメッセージって何だったのでしょうか。

ラグビーファンの方はわかってくれるでしょうけど、19年日本大会を盛り上げるためには、まったくラグビーを観たことのない人たちを感動させないと、僕らの目標は達成できないなと思っていました。放映時間を見ると、サモア戦がラストチャンスだったんです。

**――深夜帯ながら、平均視聴率が19・3%、瞬間最高視聴率は25・2%の高視聴率を記録しました。

勝つことでラグビーの素晴らしさを多くの視聴者に伝えることができた。そして、最終戦のアメリカ戦ですが。**

自分たちができることはやって、最終戦を迎えたわけです。自分たちが目標としていたクオーターファイナルにはもう、行けない。でも、自分たちが4年間、何のためにこのチームで戦ってきたかというのをもう一度、チーム内で共有しようとなりました。じゃないと、チームとして何か柱をひとつ、外されたようになってしまって……。チームとしてなぜ4年間、頑張ってきたのかということを共有してアメリカ戦に臨んだんです。

ラグビー日本代表への期待を語るRWC2015のヒーロー、五郎丸歩（撮影：築田純）

――アメリカ戦も28―18の快勝でした。日本代表はタフになったなと思ったものです。

そうですね。4試合を戦えるだけの力を、4年間かなりハードなトレーニングをして培ったんです。ワールドカップのスケジュールに合わせて試合をしたり、できる限りの準備をしたり、すべてやっていたので、自信はかなりありました。

――〝エディー・ジャパン〟はどんなチームだったのでしょうか。

ほんとうにみんながチームのために自分の力を出しきっている感じでしたね。あとはやっぱり、ワールドカップに行ったメンバーだけじゃなく、行けなかったメンバーに対する気遣いもできるようなチームで。〝あいつのためにもっと頑張らないといけない〟といった気持ちが自然と出てくるチームでしたね。

——そういえば、ワールドカップメンバーに漏れた選手も試合前の士気を高めるモチベーションビデオに登場していたそうですね。

そうですね。やはり日本代表って憧れの存在にならないといけないんです。チームスローガンで『憧れの存在になる』というのを掲げた年もありました。憧れのチームはみんなが応援してくれるんです。廣瀬《ひろせ》（俊朗《としあき》）さんや菊谷（崇）さんが中心となって、国内の自分たちの所属チームだったり、選考に漏れた選手だったり、あとはラグビーファンのメッセージをミックスした映像をつくってくれたんです。いろんな人に支えられてプレーしているんだということを感じていました。

ラグビーにヒーローはいない

——そういう思いがあって、アメリカ戦のあとの会見で、五郎丸選手は「ラグビーにヒーローはいない。みんながヒーロー」と言ったんですね。いいフレーズです。

そうですね。試合に出ている人もいますけど、ほんと苦しくて、チームのためにからだを張り続けて、身も心も削られた選手がいっぱいいたんです。ジクゾーパズルの一片じゃないですが、いろんな人の力があって、自分たちが戦えたんだという思いが強かったのかもしれません。

——ワールドカップで得たものは。

一番は日本人でもできるということです。たぶん、ラグビーやっている人はそれをすごく思ったんじゃないでしょうか。それまでは、僕もちっちゃい時はそうでしたけど、日本人は弱い、海外では戦えないとずっと思い込んでいたんです。そんな固定観念を崩したチームだったと思います。

――あの大会で人生変わりましたか。

変わりましたね。やっている時はまったく考えてなかったけど、終わり（代表引退）を決めていたし、頑張ろうと腹をくくっていましたから。

――どんな時間でしたか。

もう楽しくてしょうがなかったですね。からだはしんどかったですけど、ほんと、毎日毎日が楽しくて。

日本代表には奇跡の文字を消してほしい

――さて、アジアで初となるラグビーワールドカップです。日本代表にはどんな期待を。

4年前のイングランド大会は、ほとんどの人がテレビでしか観ていません。幻想じゃないですけど、そういう世界に近いものがあると思うんです。でも、今度は日本開催ということで、ナマで見る日本の方がたくさんいらっしゃると思います。そんな人たちに衝撃を与えてほしい。もう、僕らの〝奇跡〟という文字は消してほしいですね。

――決勝トーナメント進出のポイントは。

やっぱり目標をアイルランドに置くべきですね。前回、我々もプールでトップの南アフリカに置きました。絶対、打倒！　アイルランドです。

――当然、初戦のロシア戦は必勝ですね。

ポイントは開幕戦だと思います。勝って当然みたいな空気がありますが、自国開催のプレッシャー、初めてワールドカップを体験する選手もたくさんいるわけです。僕らは、誰も注目していないところでワールドカップを戦っていたので、その時とは比較できないですよね。状況が違いすぎて。その中で結果を出していくことはかなりきついことだと思います。

――結果を出すためには。

準備しかないですね。

――プラスの材料は。

僕らの時と違い、今はサンウルブズがあります。そこで世界のトップレベルの試合ができます。調整ですね。いろいろと高いレベルでテストができるのは、４年前にはなかったことです。日本代表にとって、ポジティブなところだと思います。

――大会の試合以外で期待していることは。

ラグビーを見るスタイルという点で、日本のオリジナリティができればいいと思っています。いまの日本の観戦スタイルはイングランドの観客のマネをしていると思うんです。静かにするというのは、イングランド人はそれが自然なんです。でも、フランスに行けばラッパを吹いている人もいるし、オーストラリアに行けばブーイングをする人もいる。ニュージーランドもまた、違う。日本でワールドカップがあることで、日本独自の観戦スタイルができればすごく面白いなと思います。

とりあえず35歳まではプレーを

――最後に、ところでプレーはいつまで。

とりあえず、2年は間違いなくやります。35になりますね。（年齢）きましたね、結構。ははは。

日本代表の背番号15を背負ったフルバック五郎丸歩。2015年のRWCイングランド大会では濃密な時間を過ごし、残酷な結果に泣きもしたけれど、だから大きくもなれた。日本ラグビーのための使命感は、富士山と太平洋をのぞむレストランでのインタビューの率直な言葉ににじんでいた。

それにしても、五郎丸の語りは飛躍的によくなった。実は話題は大リーグを引退したイチローにも及んだ。「イチローさんがすごいところは」と言った。「感覚を言葉にできて、人に伝える力、これってほんと、一流だなと思います」

五郎丸は「僕は（RWC直前）感覚で過ごしたくないなと思ったので、日記を書き始めたんです」と教えてくれた。自己分析、感覚の言語化。これもアスリートとしての成長とは無縁ではなかろう。

第三章

RWCと被災地復興

1　BEYOND2019 釜石鵜住居復興スタジアムで地域の未来を拓く

増田　久士（釜石鵜住居復興スタジアムマネジャー、釜石市在住）

震災復興、希望のスタジアム誕生

さあ、帰ろう。ふるさとの希望のスタジアムへ、帰ろう。
「自然という父と、ラグビーという母から、このスタジアムは生まれた」
これは、2019年7月27日に刊行された『釜石鵜住居《うのすまい》復興スタジアムブック』の冒頭の言葉である。

その通り、海も山も空も、周りのすべてをひっくるめてスタジアムという風貌だ。世界で一番小さなスタジアムだが、そういう大らかな見方をすれば、世界で一番大きなスタジアムでもある。ましてや、皆から愛されているスタジアムという意味では、世界で一番なのは間違いないだろう。

そう、釜石鵜住居復興スタジアムは、「鉄と魚とラグビーの街」釜石の人びとが、震災復興のために結束し、子どもたちの夢と希望を託して建設された。そこには、復興事業に携わる人びと、全国から応援する人びと、世界中のラグビーを愛する人びと、縁あって釜石を故郷と想う人びと、そんなすべての人たちの温かい心、高潔な想いが詰まっている。

そこは、震災からの教訓を次の世代に受け継いでいく場所であり、スポーツやイベントを通じて地域を明るく元気にする場所で、若者が自ら工夫して夢を実現できる場所だ。

そんな素敵な場所となることを目指してつくられたスタジアムには際立った特徴が4つある。

1つは、背景となる豊かな自然景観と調和した立地である。数あるフットボールスタジアムの中でも、これほどまでに自然の只中に位置するスタジアムは稀であり、周囲の景観に溶け込むような作り方をしたスタジアムである。

とくに自然を愛でることを貴重に感じる欧米からの来訪者が、このスタジアムの立地を、とても魅力的に感じることは明らかである。釜石開催決定後に相次いでスタジアム予定地を訪れたダン・カーター氏、リッチー・マコウ氏といった世界的に著名なプレーヤーが、そろってスタジアムの立地する周辺環境の素晴らしさを褒め称えている。

2つ目は、地元の森林資源をフル活用していることだ。釜石市は90％の面積が山林で、豊富な森林資源を有している。林業の継続的な発展は、地域産業の持続可能性の大きなファクターである。

そうした第一次産業を継続して再興させるためにも、スタジアム自体に木の温もりを持たせて、温かく木の薫りのするスタジアムに人びとを迎えることができれば、という考えのもと、地元森林資源がフル活用された。

RWC開催による被災地・釜石の復興を陰で主導した増田久士氏（撮影：小倉和徳）

メインスタンド、バックスタンドの約５０００席を、地元の森林から継続的に出される間伐材を加工したウッドシートにすることを計画した。ワールドカップの座席は独立した個席が求められる。それに対応するよう地元の家具製作メーカーと森林組合が研究を重ね、従来の樹脂製座席の半分の単価で納めることのできるウッドシートを採用することとなった。

さらにメインスタンドやぐら棟の目隠しとなるルーバーと階段の手すり、諸室と常設のトイレを木質とする計画を進めていたところ、２０１７年5月、市南部の尾崎半島で約４１３ヘクタールを焼失する大規模森林火災が発生した。発火から鎮火まで2週間を要した災害である。千本以上の杉が被災木となったが、表皮は焦げているものの木材としての利用はできる。それらをスタジアムで利用することで、資源の活用と山林所有者への一助とすることができた。

３つ目は、日本初、マイクログラスファイバーを芝床に利用するハイブリッド天然芝を導入したことだ。

ハイブリッド芝生は人工物の種類と組み込み方により大きく三種類に分けられるが、釜石のスタジアムでは、床土にマイクログラスファイバーとコルク材を敷き詰めるタイプのハイブリッド芝生を採用した。

スクラムでもトラクション（横ずれ）が起こらず、保湿性とクッション性が高いので、フランスの大規模スタジアムで多用されている。プレーヤーがハイパフォーマンスを発揮することに最適化されている上に、維持管理面では極度に損傷が少なく、水やりの回数も減り、使用頻度を高めることができる。約1億円のイニシャルコスト増を、経年のランニングコスト減を重ねていって、約10年で補うことができると試算している。

４つ目は、万一への備えだ。津波の際の緊急避難に備えて、裏山には、２カ所の避難場所と避難道を整備した。

さらにフィールド2面を緊急へリポート用地とした上で、１００トンの耐震性貯水槽と１２０トンの耐震性貯留槽を備え、自然災害時に避難所をバックアップする飲料水と浄化槽として、さらに、またいつ起こるか予測のできない山林火災に備えた緊急防火用水しかも真水の蓄えができるつくりとした。

震災時、この場所にあった鵜住居小学校・釜石東中学校の生徒は、手に手を取り合って迅速に避難ができたことで、世界的に注目を受けた。６００人の小中学校の生徒全員が無事に避難できたことは、地域にとっても明るい光であり、かけがえのない教訓だった。

こうした震災からの学びを後世に伝え、受け継いでいく役割を担う場所にスタジアムは建設された。釜石鵜住居復興スタジアムは、震災からの教訓を次の世代に受け継いでいく場所であり、スポーツやイベントを通じて地域を明るく元気にして、若い人たちの希望を育む場所となるよう、これからの運用が期待されるところだ。そのためにも、スタジアムが、災害時のバックアップ基地となる備えのあることは大きな強みの1つであろう。

以上の4つの強みは、このスタジアムを営業セールスするためのポイントである。

そもそも地方の脆弱な財政状況の自治体が、総工費約39億円に及ぶインフラを持つことは自滅まっしぐらなのである。正常な判断であれば建設はNGだ。

ラグビーワールドカップ（RWC）誘致の頃、「ワールドカップどころじゃない」「今からスタジアムを建てるなんて」。震災で大きな被害を受けた人口約3万4000人の街のあちこちで、そんな声があがっていた。その通りだ。けれど、どうしてもこの街に希望をつくらねばならない。元に戻すだけじゃない、新しい未来を創ることが大切だった。それはこの街の信念のようなものだった。

釜石市では、東日本大震災の影響により市内のスポーツ施設が多数被災し、また、震災後には市内のグラウンドなどに応急仮設住宅が整備されたことで、市民のスポーツ環境が著しく制限されると同時に、スポーツをする機会も減少してきた経緯がある。

そうした中で、2016年のいわて国体のラグビー競技の会場として、2013年4月、旧釜石陸上競技場にロングパイル人工芝を敷設してラグビー場とサッカー場の2面を備える釜石市球技場をリニューアル整備した。さらに、震災の影響により解体を余儀なくされた市民体育館をＪＲ鵜住居駅前に復旧整備するなど、スポーツ環境の回復と整備充実に取り組んでいる。

２０１７年11月、ＲＷＣ２０１９の開催都市として釜石で予選プール２試合の開催が決定。その試合会場となる釜石鵜住居復興スタジアムは、常設６０００人収容、大会時は仮設スタンド含めて1万６０００人を収容する。２０１８年7月に常設施設が竣工し、試合前の練習会場としてキャンプチームが利用する練習グラウンドも、スタジアムから６００メートルほどの距離にある根浜海岸に新たに整備する計画が進められている。

人口約3万４０００人の少子高齢の街に、どれほどのスポーツ施設があることが適切か、基準となる物差しは幾つかあって、どの計り方でも、過剰な設備投資として分類されるに違いない。

けれども、希望を創ろうとして出来上がったスポーツ施設を、何もせずに、今までの公共施設と同じ軌跡をたどり、誰の者とも知れない公共施設として鎮座させておくことによって、経年劣化の果てに朽ち果てるままでいいのか、と聞かれれば、よくないに決まっている。

だからこそそのスタジアムの営業セールスなのであり、地方自治体が、その殻を破ってでもセールスに乗り出すべき、そんな魅力のあるスタジアムなのである。

スタジアムを軸にエリアマネジメントを

開催決定の時、釜石市にスタジアム建設の資金はまったくなかった。敷地には一部、山側に民有地も含まれるが、その買収には銀行から借りたお金を充てた。ともかく補助金を獲得しなければならない。設計を進めながら金策に走ることから始まった。

国土交通省、文部科学省、総務省、復興庁、スポーツ振興センターに足繁く通ううちに、そこでラグビー出身者に出くわして、やがて彼らが各省庁の垣根をこえて、がっちりスクラムを組むようになって、足りない資金をあまねく助成できるよう補助メニューを駆使していった。結果、総工費約39億円のうち補助金合計37億円。民間からの寄付も集まり、市の持ち出しはゼロとなった。恐るべきラグビーの結束である。

工事は順調に進んだ。２０１６年度いっぱいで９ヘクタールの敷地を平均5メートルかさ上げして基盤を整備。２０１７年4月建物着工。収容６０００席のスタジアムが２０１８年8月に竣工した。

２０１９年に向けて、メインスタンドやぐら棟への木質諸室を配備。常設トイレを増設して、ワールドカップ本番では1万席の仮設スタンドを追加し、大型映像装置2台等の仮設設備を拡充する。

スタジアム整備の目的は、（1）住民が集ってスポーツを楽しむ場所、（2）音楽、芸術などで国際交流のできる場所、（3）子どもからお年寄りまで元気に体力づくりができる場所、（4）震災の記憶と防災の知恵を受け継ぐ場所、（5）ラグビーのレガシーを繋げる場所、（6）自然に親しむ場所とすることだ。

ラグビーの街、釜石を表明する以上、ラグビーのビッグイベントでスタジアムに大観衆を集めたいと考えることは当然のことである。然り、ＲＷＣ２０１９開催の機会を得たことは千載一遇のチャンスであった。釜石にとって、どんな苦労を乗り越えてでも、この世界三大スポーツイベントをやり抜くことが復興の証であり、未来への希望になることは間違いない。

ただし、ワールドカップ以外のラグビービッグイベントの開催には、その入り口から艱難辛苦が待ち構えている。１つには、首都圏から遠く離れた辺境の地なればこそ、イベントの開催時期や内容が、よくよく吟味されなければ、上手く人を集めることはできない。定住人口の少ない地方で開催するイベントである。集客課題のクリアがイベント実行の必要条件である。

さらにラグビーには、今まで歩んできたラグビー競技自体の国内ポジションの歴史的な変遷という背景がある。ＲＷＣの日本開催に向けて、日本ラグビーは、世界のラグビーに追いつくよう、長く続いたアマチュアリズム時代からスポーツビジネスへと変貌を遂げようとしてきた。選手の活動がプロ化することと同時に、チーム運営と試合をマネジメントする分野もプロ化を始めた。他のスポーツ同様に、競技レベルトップの試合イベントで興行的な成功を収めることが重要視される中、トップリーグの地方開催が軒並み苦戦を強いられている。

そのような状況で、代表戦を始めとした、いわゆる稼げるラグビービッグイベントを、集客で不利な条件にある地方都市に持って行くことはますます難しくなる。現在も日本ラグビーフットボール協会では、全国にラグビー競技の裾野を広げるために普及の観点から資金を投入しているが、もとより赤字を覚悟でビッグイベントの地方開催を敢行できる余裕はない。やれたとしても、今はそのタイミングではない。

しかも、スポーツビジネスとしてのラグビーの今後の発展を考える上では、どの試合でどれくらいの観衆が集められるか、見極めが重要なタイミングであり、ビッグイベントの地方都市開催にチャレンジするのであれば、チケットは完売して、すべてのメディアが注目するくらいのハイパフォーマンスが求められる。

前提として、誰にパフォーマンスをしてもらって、誰にそれを見に来てもらうか、の双方を特定して、盛り上がりと周囲に及ぼす影響を仮想した上でスケジューリングすることが肝心である。また、大勢の皆さんにチケットを買ってもらうには、それなりの目玉となるものも必要である。対戦カードの面白さと意味合い。その価値。付録となる前座試合はどんな趣向か。周りでやっているイベントはどうか。フードコーナーは充実しているか。その試合を観戦しに来た前後の日程で、どこに寄ってもらえるか。お祭りやフェアーなど地元の他のイベントはあるか。地域独特の祝祭なども素朴な魅力であり誘引力の1つである。

ラグビーで地域の魅力を発掘

釜石にとってラグビーは、他の地域にはない貴重な誘客コンテンツである。

ワールドカップ誘致の原点であった情報発信基地「ラグビーカフェ鵜住居」は、プレハブでスタートを切ったが、2015年3月に釜石開催が決定したとき、プレハブは取り壊されて宝来館という復興の象徴的な旅館に一時展示され、同年10月には釜石駅近くの商業施設シープラザ釜石に移設され、市の気運醸成事業の一環として官民連携で運営してきた。

２０１４年のプレハブ時代は地域の小学生、町内会の方々を招いてのミニイベントや屋外映画会などを開催して、ようやく延べ２００名程度の来場者だったが、シープラザ釜石に移転後には、ミニイベントや簡単英会話教室、釜石シーウェイブス公式戦のパブリックビューイングなどを継続的に開催できた。その上、出張ラグビーカフェという形態で、ラグビーの展示物を持参して、市内や近隣市町村で開催される各種イベントに出向いて行って、より広くワールドカップ開催の気運を高める機会とした。

そうして市内各所で２０１９に向けた気運醸成イベントが継続して開催されるとともに大物ゲストも続々と釜石を訪れた。

２０１８年、ついにスタジアムが完成し、オープニングイベントが賑やかに開催された8月19日には、スタジアムを目指して６５００人の観客が一度に押し寄せることとなった。

加えて国際化に対応するために、地元の英語を得意技とする市民有志団体の力を頼り、開催決定後から地道なインバウンド対策に取り組んできた。

２０１６年は、初歩的な英会話教室を定期的に開催しながら、ボランティア通訳リーダーズ養成講座を実施した。

２０１７年には、その養成講座の卒業生となったボランティア通訳のリーダーたちとともに、市内の飲食店、ホテル、郵便局、スーパー、コンビニ、酒蔵などを対象にした「おもてなし英会話教室」を展開した。参加した市民は年間延べ400人だった。

しかしながら、そうしたモロに英語をツールとした講座には興味を持てずにいるお年寄りにも、なんとかアプローチすることが必要だろうということになった。

そこで、まずは、そうした出不精のお年寄りにも外国人に慣れてもらうことから始めようという観点で、文化交流イベントとインバウンド対応講座をミックスした形の、外国人とともに日本文化に触れよう、と銘打った講座を開催した。地域の交流センターで書道、三味線、団子づくりの交流サロンを計3回開催し、参加した延べ150人の地域の年配者には、いたって好評であった。

さらに、RWC2019の2年前・1年前のイベントでは「釜石ラグビー共和国」が催された。「釜石ラグビー共和国」とは、RWCに参加する国の紹介や外国の衣装を着てみたり、お菓子を食べてみたり、ちょっぴり外国語なんかも体験して、海外を身近に感じてみましょう、という趣向を模擬店テントで展開する小さなアーケードである。入国口でパスポート申請。入国ビザと海外の紙幣をもらう。模擬でもなんだかわくわくする。ほんわかと異国情緒が醸し出される。1日で852名もの大勢の入国者で大盛況だった。

釜石市は将来の希望をつくるためワールドカップ誘致をおこなった。でも、人口減少と高齢化が将来まで続くことが予想され、将来があるかどうかの心配から始めなければならない。未来に期して、あれこれやっても、未来がないかも知れないのは、皮肉であって悲劇である。

このまま手をこまねいて、人口減少を待っているというのも、やりきれない。そういうことを悩みに悩んだあげく、釜石で活動する市民と、市外から釜石を応援するサポーター役の人たちをつなぎ、相互交流して情報発信を盛んにして、新たな事業や市民活動を育んで活動を活発にして交流人口を増やそうではないか、という取り組みがスタートした。官民一体となったその取り組みはオープンシティ戦略と総称される。

そのオープンシティ戦略の中に、Meetup Kamaishi というプログラムがある。通常は観光業者が担う地元の魅力紹介を一般の市民が担うオプショナルツアーのような疑似体験プログラムだ。ホスト役となった市民は、それぞれの食住環境、職場のフィールドに居ながら、訪ねてくる人たちを案内して体験会を催し、結果として、ツーリストは、釜石の人や歴史、文化、食を体験できるプログラムを提供されることとなる。地元の脆弱な観光業を補うプログラムである。

スタートの２０１６年は3月の開催で、20プログラムに２６０名参加。２０１７年は3月と9月、春秋２回開催し、それぞれ21～28プログラムに各３００人の参加があった。２０１８年は、いよいよＲＷＣ２０１９開催会場となる釜石鵜住居復興スタジアムが完成し、そのオープニングイベントに合わせて8プログラムを開催。延べ89人が参加した。

人と人を結び、人と地域を結ぶオープンシティ戦略によって、未来の希望を創るまちづくりを推進する。ＲＷＣ２０１９開催によってスポーツの力による地域の創生に挑む。オープンシティ戦略とラグビー戦略は、まさに裏表一体となって連動する戦略である。スポーツイベントで訪れた地域の魅力を体験プログラムで知る。参加した体験プログラムが面白ければ、また来たくなる。次のスポーツイベントも釜石に観戦に行こう、という循環継続型の顧客も生まれてくる。鶏も卵もなく、どちらが先でも、確実に相互補完し合って地域の活性化を生み出すものがスポーツとオープンシティの両戦略なのだ。

復興を達成し、世界中の支援に感謝を表明しようという釜石市であればこそ、地元の人と外の人が交流する機会をたくさん持ちたい。そして、継続して交流の機会が持たれれば、地域の良さとラグビーの良さを分かち合えるたくさんの友人を世界中につくることができる。三陸の片田舎であっても、そうした世界とのつながりを誇りにできる。そのためのスポーツと交流の場が釜石鵜住居復興スタジアムなのである。

未来を占うオープニングイベント

ＲＷＣ２０１９開催都市に立候補したとき、釜石市が主催者のワールドラグビー（ＷＲ）のラグビーワールドカップ・リミテッド（ＲＷＣＬ）にアピールしたポイントは、ＲＷＣが２０１９年に来ることによって、復興事業としておこなわれている住宅再建や生活インフラ再整備、そして交通インフラ整備が、確実にリミットを持って進み、世界のラグビーが被災地の復興を後押しすることになる、ということだった。あらゆるインフラ整備が整い、２０１９年を迎えることによって、復興推進役となった世界のラグビーは素晴らしく評価され、その価値は断然高まるであろう、ということだ。

ＲＷＣ２０１９のキャッチコピー「4年に一度じゃない、一生に一度だ。」にもあるが、スタジアムのこけら落としは、ほんとうの意味で「一生に一度」だ。なんとか満員御礼にして、しかも安全無事に観衆を運べるようにして、釜石に来て、オープニングイベントに参加して良かったと言ってもらえることが、大会関係者のみならず市民全員の望みだった。

２０１７年6月18日、前日に日本代表とアイルランド代表が戦った静岡エコパスタジアムでは、ヤマハ発動機ジュビロと釜石シーウェイブスの交流試合がおこなわれた。エコパスタジアムの立地する袋井市と釜石市とは、製鐵所の初代所長が袋井市出身だった縁から、もともと官民一体の交流があった。しかもどちらの街もＲＷＣ２０１９の試合会場となったことから、意気に感じた袋井市の招きで、釜石シーウェイブスが静岡エコパスタジアムを訪れてヤマハとの交流試合を敢行することになった。

対戦相手のヤマハ発動機ジュビロは、２０１１年6月5日、震災の窮状にある釜石にいち早く駆けつけ、復旧活動を手助けし、練習不足を嘆く釜石シーウェイブスと交流試合を敢行。ラグビーの街の釜石の市民をラグビー観戦で元気づけた経緯がある。ちなみに釜石での試合の際、ゲームキャプテンを務めたのは、ＲＷＣ２０１５の日本代表の劇的勝利で、一躍、時の人となった五郎丸歩選手だった。

静岡エコパスタジアムでの交流試合の後、フィールド上で、ヤマハ清宮克幸《きよみやかつゆき》監督とシーウェイブス桜庭吉彦《さくらばよしひこ》監督は、固く握手を交わして、次の年、待ちに待ったスタジアムこけら落しでの三度の決戦を約束した。

２０１８年新春早々、メインスポンサーに「リポビタンＤ」の大正製薬株式会社が決定した。こうして、ゲームメイキングと資金調達の目処は立ったものの、初の市主催のスポーツビッグイベント開催である。予測できる材料がなく、リスクを怖れ、開催を危ぶみ逡巡する声も上がった。

ところが、公益財団法人ラグビーワールドカップ２０１９組織委員会、公益財団法人日本ラグビーフットボール協会がそろってオープニングイベント開催を後押しした。日本ラグビー界としても、震災復興のために、釜石のラグビーによる復興が大きな役目を果たしていることは誇らしく歓迎すべきことであり、自ずと衆目も集まるチャンスを逃すべきではない、との配慮があってのことだ。

釜石鵜住居復興スタジアム（提供：増田久士氏）

さらに新日鐵釜石ラグビー部ＯＢ会は、２０１９年に創部60周年を迎えるところ、1年前倒しして２０１８年に記念事業を計画した。二度とないスタジアムオープニングを、神戸製鋼ＯＢとのＶ７レジェンドマッチで門出を祝おうという粋な申し出だ。

度々の記者会見を開催し、ＳＮＳ、プレスリリース、メディア特別番組でのＰＲを促進した。記念Ｔシャツ付チケット販売等々。次々と繰り出したあの手この手の販売戦略の効果は上々で、チケットは早々に前売り完売。当日は天候にも恵まれ、５００人を超える招待客を含む６５００人超の大観衆を集めた大盛況なイベントであった。

ロジスティックの成功と商売の成功とは

大賑わいのオープニングイベントであったが、開催日の２０１８年８月19日は、復興未達成の時期であった。三陸縦貫道、横断道は一部開通のみ。花巻や盛岡など内陸からやってくる車は釜石市内に入ったところで一般道に降りる。ＪＲ山田線の復旧も２０１９年３月。しかも周辺では新体育館建設をはじめ、まだまだ整地作業が続いて、拡張予定の道路工事も日々進められている状況だ。通行止めの一帯も多く、こと交通輸送計画に至っては、最も不利な条件下での計画策定を余儀なくされた。

イベントコンテンツがいかに愉快なもので工夫に富んでいたとしても、安全に時間通りに観客をその場に来させなければ何の意味もなくなる。チケットが前売りで完売したとしても、どうやってスタジアムにやってくるか把握できていない６５００人を目の前にして、イベント運営の身動きは取れない。

しかも釜石は現人口は約３万４０００人である。市民の観客が半数と見込んでも、一時的に10％

増の人口となるために、交通渋滞の影響は到底予測できるものではない。バス輸送計画を的確かつ円滑に仕込まなければならない。その上で、事前に把握できるチケット購入者に、繰り返し、執拗なくらいに声掛けをして、バス輸送システムへの誘導ができるかどうかが、このイベントの成否を分ける瀬戸際である。

誰もがゾッとするくらいに困難が予想される交通輸送の計画策定業務である。頭を抱えていると き、地元の旅行業者とバス会社が連携して、利益抜きで、予算の範囲内で実施したいと名乗りを上げた。

有志で取り組む旅行業者と市役所の現場職員とが何度も打ち合わせを重ねて仕上げた交通輸送計画は、盛岡駅、新花巻駅、花巻空港から観客が到着する時刻に合わせてライナーバスを出し、市内に2カ所、隣町の大槌に1カ所のパーク&ライド（自家用車を駐車させ、公共交通機関への乗り換えを促すシステム）を開設し、釜石駅からのシャトルバスと合わせて合計83台のバスを運行。それぞれの料金を徴収して負担を軽減しつつ、渋滞ゼロの輸送計画を敢行しようというものだ。

招待される市内全中学生の輸送用にバス17台を割り当て、残りのバスを2400件超の事前申し込み状況に合わせて配車。メディア、SNS、ダイレクトメールを駆使して、スタジアム周辺に駐車場のないこと、ライナー、シャトルともに当日申し込みも受け付けていることを何度も告知した。車両と人を安全に誘導できるように誘導員配置をおこない、地元警察と協議を重ねた交通規制のもとで車両運行計画を練った。帰りの混乱を避けるために乗り場配置は十数回書き換えられた。

できることはすべてやって、さあ、いよいよ8・19スタジアムオープニングイベントが開催された。当日も、事前にボランティアが整備した駐車場や各駅のライナーバス乗り場では、現場で人の流れを見ながら臨機応変にバスの発車時刻を早めるなど柔軟な対応をおこなった。ライナーバスに乗り遅れた人は別の車で送った。試合終了後のバス乗り場への誘導には細心の注意を払い、イベント体験で満足した観客がそのまま家に帰ることを主眼に、関係者一同が緊張を保ったままで最後の1台の輸送が完了するまで息を抜くことはなかった。

結果、予想をはるかに超えた成果があった。市内の渋滞はゼロ。交通輸送に関する大きな問題点はなく、シャトルに乗る人が乗り場近くの商業施設の駐車場に停めていたという程度の改良点のみであった。むしろ、渋滞がなくて混雑もなかったので、買い物をする人が少ない、または、あっさり帰ってしまったので寂しい、という見方によれば贅沢な悩みが残ったのである。

未来を切り拓く場所

ＲＷＣ２０１９は国際大会であり相当数のインバウンドの増加が見込まれる。しかしながら、統計上は、これまで三陸地域を訪れる外国人の数が少ないこともあり、２０１９年のインバウンド予測値を算定するときの基礎指標は低い。大手旅行代理店による来場動態予測では、１試合で１万６０００人が来訪したとすると、その中で外国人は９００人に留まる。

それでも、大会開催時のインバウンド数はやり方によって変わる。外国人ツアーや事前の海外アピールによる認知度の向上がなされれば、1カ月半に及ぶ長い大会期間中に海外から来たラグビーファンが釜石まで足を延ばすことも大いに有り得る。自国を離れて遠く日本に長逗留している最中である。東北旅行、三陸探訪にも、さほどの躊躇はない。

そもそも、受け入れる態勢ができている場所に外国人は来る。スタジアムができれば人が集まるのと同じく、外国人を招く場を設ければ、外国人はやってくるのであって、そうした場がどうやってつくれるかというインバウンド対策が重要である。

釜石鵜住居復興スタジアムは、「鉄と魚とラグビーの街」釜石の人びとが、震災復興のために結束し、子どもたちの夢と希望を託して建設した。そこには、復興事業に携わる人びと、全国から応援する人びと、世界中のラグビーを愛する人びと、縁あって釜石をふるさとと思う人びと、そんなすべての温かい心、高潔な想いが詰まっている。

オープニングイベントでは、そうした仲間６５００人がスタジアムに賑やかに集い、情熱と友情と確かめ合うことができた。その出来事は瞬く間に世界中に発信されてＲＷＣ２０１９を迎えるにあたり、ますます、釜石鵜住居復興スタジアムの価値が認められることとなった。

２０１９年、ＲＷＣの終わりを待たずして、震災復興からの地域の再興、ラグビーの魅力とスポーツの力を通じた地域の活性化をはかるために、「釜石鵜住居復興スタジアム」建設の理念を確かなものとし、日本初の「ラグビーパーク」として、あらゆる人に開かれたスタジアムとして運営できるような仕組みをつくらなければならない。それは、地理的な収益性の不利を逆転するよう、首都圏や海外の商圏も視野に入れた上で、民間事業者の裁量権を最大化する運営形態を導入するもので、ＲＷＣ２０１９を前にして、民間事業者の関心が高いうちに、各種プロモーション事業の展開をはかり、大型イベント誘致のためのプロモーターなどの投資意欲を高めたいと考える。

若者が自ら工夫して夢を実現できる場所。釜石のスタジアムが、そんな場所となることを目指している。

いつまでもラグビーと人生を愉しむために

改めて、釜石市は、岩手県の三陸復興国立公園の中ほどにあり、９割が山地のリアス式海岸の港町、自然に恵まれた魚の街、近代製鉄発祥の鉄の街、そしてラグビーの街である。

１９６０年代の10万人近い人口が、新日鐵（当時、現新日鐵住金）の集約化などにより半減。さらに、東日本大震災を経過して減少が続く。２０１９年1月現在で、人口３万３７８７人で４割は65歳以上である。

１９８０年代に新日鐵釜石ラグビー部が前人未踏の7連覇を遂げて以来、釜石は「鉄と魚とラグビーの街」と呼ばれる。「北の鉄人」は東北・北海道の高卒無名選手を鍛え上げて都会のエリートチームを撃破する痛快さが人気を呼び、７連覇当時、日本選手権がおこなわれる国立競技場は超満員で、大漁旗が何十本も振られた。大漁旗応援は、今でも釜石ラグビー名物の応援スタイルである。

7連覇後の戦績は低迷。２００１年、釜石シーウェイブスＲＦＣとして再出発するが、ラグビー

津波で街の半分が壊れた。防潮堤にはタンカーが突き刺さった（撮影：小倉和徳）

プロ化の中で、地方のクラブには苦難の道が続く。10年経って人々がラグビーを忘れかけた頃、大津波が釜石市を襲った。

死者行方不明者は１０００人を超え、30％の家屋が倒壊した。その絶望の淵で人々に希望を与えたのはラグビーだった。外国人を含むラグビー選手たちが復旧活動に励み、明るく希望の灯を照らした。市民は釜石がラグビーの街だったことを思い出す。そして、国内外のラグビー関係者がこぞって支援の手を差し伸べ、ＲＷＣ２０１９釜石誘致を応援し始めた。

市民の中で、ラグビーファンや震災後に移住した若者らが中心となり、２０１９を目標に掲げて、次の世代の希望をつくろうと、ＲＷＣ２０１９誘致にチャレンジする人々が現れた。誘致ロゴの旗を道路に掲げ、全小学生にパンフを配布し、プロモーションビデオを制作してホテルや銀行で上映した。

スタジアム予定地近くにプレハブの情報発信基地「ラグビーカフェ鵜住居」を開店。有名な海外選手や著名人も大勢訪れ、それぞれが釜石誘致を応援した。そうした市民運動は大きなインパクトとなって全国に広がり、釜石開催への期待はどんどん高まった。

ただ釜石には被災して生活再建中の人びともいて、ようやく復活した企業もあり、誘致の是非は最期まで全員賛成とはならなかったものの、市内の商店会、商工会議所、観光事業者やスポーツ関係者や医療関係者などからは市長への立候補嘆願も出された。

さて、ＲＷＣは世界のラグビーの統括団体のＷＲから委託を受けたＲＷＣＬという株式会社が運営する。ＲＷＣＬが扱うのはビジネスだ。ビジネスは利益を追求する。開催地の選択でも自らに利となることを選択するに違いない。釜石開催が、ＷＲにとって、どれほど益するか、そこを訴えることが、彼らのビジネスに合致する。誘致プレゼンテーションは相手の利益に訴える作戦となった。

２０１５年1月12日、ＲＷＣＬの３名による、たった1回の視察がおこなわれた。この視察ですべてが決まる。作戦通りプレゼンをおこない、その後に模型を使ってスタジアム施設を説明。そして現地で、まだまだ土盛り中の敷地でもイメージが膨らむように、３方向の隅で地元の若者が大漁旗を振った。

ＲＷＣＬアラン・ギルピン総括責任者が「彼らはいつまで旗を降っているんだ」と言うので、「釜石開催を決めてくれたらやめます」と返したら、「わかった、わかった」と大笑いしてくれた。

ＲＷＣＬは、震災復興の意義と役割を担う開催地として、２０１５年3月2日に釜石開催を決定したが、そうした誘致の成功に至るまでの苦闘と獲得をして釜石の挑戦と呼べるかといえば、それだけではなかろう。

これほどまでに広範囲な分野に、地球規模の問題が山積している現代社会にあって、独り釜石が、何らかのステージを確保したからといって、未来が燦然と輝くものではない。
開催まであと80日を切った。実は、これからワールドカップ本番までに積む経験こそが貴重な財産である。その期間に訪れる人たちの印象。その人たちが今後、何度くらい再訪してくれるか。そうした積み重ねる知見が、いつの日か知識となって、この恵まれた環境を生かしてくれることを願う。

いつまでもこの地で、ラグビーと人生が愉しまれていくように。

スタジアムオープニングイベントのとき、震災で母校や自宅を喪った釜石高2年の洞口《ほらぐち》瑠伊《るい》さんは「私は釜石が好きだ」と大声でスピーチした。震災当時、洞口さんはスタジアムが建つ敷地にあった鵜住居小3年だった。17歳の白いセーラ服が夏陽に照らされていた。
「このスタジアムがあったのは、私の小学校があった場所。入学するはずだった中学校があった場所。そして離れ離れになってしまった友達とまた会える大切な場所。きょうは、そんな思いのつまったスタジアムが生まれた日。日本中の釜石を愛する人たちと世界中のラグビーを愛する人たちと、この日を迎えられたことを祝い、そして感謝したい」
さあ。行こう。未来の、希望のスタジアムへ行こう。

（ますだ・ひさし）

2　熊本復活ストーリー

野口光太郎（熊本県ラグビーフットボール協会理事長）

震災を乗り越えて

あの春、私たちは震災のコワさとラグビーの底力を知った。

２０１６（平成28）年４月14日の木曜日。私は夕食後にリビングでくつろぎながらテレビを見ていた。ラグビーワールドカップ・リミテッド（ＲＷＣＬ）による２回目の視察が終了し、視察団を福岡に見送った翌日のことであった。

午後９時26分、突然ガラス窓が揺れだし、次の瞬間、携帯電話から汽笛のような鈍いブザー音が３回鳴り「地震です、地震です」と何度も繰り返した。テレビからも地震を知らせるチャイム音が鳴りだし、家中が騒然となった。揺れはだんだんひどくなり、横揺れではなく縦にシェイクされるように突き上げられた。

私は〝早く収まってくれ〟と願いながら、目の前のテレビと、壁に飾ってあった絵画を押さえ、「ほら来たぞー」と思わず叫んだ。強い揺れが一旦収まるのを待って女房と庭に出て、身の安全を確保した。あたりはシーンと静まり返り、遠くで緊急車両のサイレンと、車の盗難防止のホーンが鳴り響いていた。

家の中は家具が倒れ、中に入っていたものが散乱していたが、私達2人に怪我はなく無事であった。幸い停電はなかったのでテレビをつけると、マグニチュード6・5、震度7、震源は益城町《ましき》と出ていた。益城町は自宅の隣町で、女房の実家があるところである。

私の家は鉄筋コンクリート住宅で倒壊する危険性はないので、直ぐに女房の実家に駆けつけることにした。道路は緊急車両による渋滞と地震による陥没で、なかなか通行困難だったが、バイクと徒歩でなんとか実家にたどりついた。

嫁の実家は農家だが、三棟ある納屋は完全に倒壊、崩れていない実家も停電のため入れなかった。両親と義姉夫婦は近くの駐車場に避難しており、全員無事。明日、手伝いに来るからと約束して、一旦自宅に帰った。

翌日は朝早くから勤務先の片付け、その後自宅へ一旦戻り、ある程度片付けを済ませ益城町の実家へ向かった。この日は夕方まで実家の屋内を中心に後片付けをおこなった。まだこの時は、「誰もけがなく、これくらいで済んでよかった」という笑いも出ていた。

私の自宅の隣に木造平屋の貸家があるので、女房の両親、義姉夫婦、甥っ子家族はひとまずここに避難した。夕食はみんなで一緒に「一日ご苦労様、大変だったね」とビールの入ったグラスを高々と上げて乾杯、家族の絆を実感した。この時はみんな、まだ気持ちに余裕があり、夜遅くまで飲んでいた。

4月16日の土曜日午前1時25分、前震から28時間後、こんどはマグニチュード7・3、震度7。異様な感覚で目が覚めた。エアコンが壁から落ち、タンスが倒れてくる気がして、ベッドの上に立ち上がった瞬間バランスを崩し、ベッドの縁でわき腹を強く打った。

熊本地震で崩壊した益城町の住宅地

若い頃肋骨を一度折った経験があり、だんだんと痛みが増し「やばいな」と思った。この地震は前震より明らかに大きい。自宅周辺は停電しており真っ暗。隣の部屋には女房が寝ており、そこには嫁入り道具の洋服ダンス、本棚、机等多くの家具がある。これがすべて倒壊しているなら、女房の命が危ないと思い、裸足のまま這い出し、隣のドアを開けた。
「大丈夫か?」
そう呼びかけるが、返事がない。持っていた携帯電話のあかりで照らすと、女房は部屋の隅のベッドの上で膝を抱え、ぶるぶると震えながら目を見開いて私の方を見ていた。あまりの恐怖で声が出なかったらしい。
家具はすべて倒れ、部屋の隅のわずかなスペースだけが、かろうじて倒壊から免れた空間だった。階段にある非常持ち出し袋を持って、庭に脱出した。隣に来ていた益城の家族も庭に出てきた。真っ暗な中、揺れて家屋がきしむ音と緊急車両のサイレン、盗難防止の車のクラクションだけが響いていて不気味だった。その後女房の両親と義姉を車に乗せ、避難所へ送る。やがて電気が復旧したので、連続する余震の中、庭で夜が明けるのを待った。

倒壊した家屋の前にたたずむ野口光太郎氏

この地震の中で私が最初に考えたことは、今自分には何ができ、何をすべきなのか、また、自分が持つ人脈、ネットワークを使って何ができ、どう行動を起こすべきなのかということであった。肋骨を3本折って思うように動くことができない中ではっきり意識したのは、これまでは卒業生と一緒になって災害支援ボランティア活動をやってきたけど、今回だけは、遠慮することなく、他人の力を借りようという決断だった。

そのためには、これまで築いてきた人間関係を利用すること、中でもラグビーの仲間にフェイスブック（FB）で呼びかけ、現在の熊本の様子と支援の依頼をすることを考えた。

4月18日の月曜日、本震から2日目だった。FBを一気に書いた。

全国のラグビー関係者の皆様へ

熊本県協会書記長の野口と申します。ご存知の通り熊本県と大分県は、14日夜からの2度の大きな地震と、それに伴う500回を超える余震で不安と不便な日々を過ごしています。私も妻の実家が益城にあり、大きな被害を受けました。そんな中で熊本県民は、なんとか立ち上がらなければと、強いストレスと恐怖の中でも、お互い支え合い、規律を守りながら、整然と避難生活を送っています。現在熊本は新幹線、JR、高速道路、飛行機がすべて不通で孤立している状態です。そこで2つのお願いがあります。ひとつは熊本県に対しての、物資、募金、ボランティアのお願いです。様々な形の支援が必要です。県ラグビー協会でなく、熊本県に対してお願いします。

ふたつ目は2回目の決定的な本震で、被災者が呆然となり自暴自棄になっています。そこで「熊本がんばれ」、「応援するぞ」、「支援するから」という、あたたかい励ましの声を届けて欲しいのです。その声でどれだけ元気と勇気をもらい、立ち上がる力になるでしょうか。SNS、FB、電話、なんでも構いませんので「がんばれ、熊本」「応援するぞ　熊本」という声を届けて下さい。

復旧までは長い時間がかかりそうですが、県民力を合わせて頑張ります。御協力宜しくお願いします。

4月20日の水曜日、本震から4日目。またFBに投稿した。

全国のラグビー関係者の皆様

熊本県協会の野口です。状況報告をします。

（中略）

昨日、子供たち（長女カンボジア、次女東京、長男神戸在住）が手伝いに帰ってくるので、JRが復旧している福岡との県境の荒尾市まで迎えに行きました。途中高速道路を走っていると、赤色灯をつけた岡山県警のパトカー、災害支援と書いた自衛隊のジープやトラック、大阪ガスの緊急車両、「東日本大震災のお返し　石巻市」と横断幕に書いた大型トラックや、「支援物資　南相馬」と書いて熊本を目指す車列が大渋滞の中、被災地に少しでも早く援助物資を届けようするその光景を見て、ハンドルを握りながら涙している自分がいました。

ありがとうとか、感謝ということを超えた人のつながり、「熊本　がんばれ」と全国の人達が背中を押してくれているような感覚でした。

（中略）

私の個人的な印象として支援物資はかなり届けられてきており、水道、電気も一部地域を除き復旧してきました。あとはガスがこれからのようです。明日からボランティアセンターも開設され、県外から元気な若者たちが入ってきます。彼らによって被災地の落ち込んだ暗い雰囲気が徐々にやわらぎ、被災者の気持ちを変えてくれると信じています。これからは物の支援から人の支援にシフトする時が来たような気がします。

多くのラグビー関係者が心配されているのは、ラグビーワールドカップ２０１９の会場であるスタジアムのことだと思います。現在は、全国から派遣されて来ている警察官の宿舎と、支援物資の１次集積場所として利用されています。損傷の程度は、前震の後、実際行って状況を聞いてきましたが、その時は管理事務所の書類もほとんど散乱していないようで、目立った損傷はみられないとのことでした。本震の後はまだ行けていません。

最後に、多くのラグビー関係者が今回の地震で行動を起こしていただき、支援の輪が広がっているとのことを聞き、本当にうれしく、ただ感謝しかありません。今夜も余震が続いています。車の中や避難所で一夜を過ごしている人がまだ大勢います。引き続き被災地に対するご支援よろしくお願いします。

４月23日の土曜日。本震から７日目。またまたＦＢに投稿。

全国のラグビー関係者の皆様

熊本県協会の野口です。状況報告します。

前震から9日目の朝を迎えました。天気は曇りです。ヘリコプターが旋回する音と、遠くで響くサイレンの音が聞こえています。余震の回数も減ってきたようで、夜中に起こされることは少なくなりました。昨夜は知人のところで被災後初めてお風呂を利用させていただき、いつもの当たり前の日々がどんなに有難いものかを、あらためて実感させられました。

（中略）

昨日は福岡で美容師をしている教え子が、髪をカットしに避難所を回りました。京都で料理人をしている教え子は、キッチンカーを持って炊き出しに熊本に帰ります。東京にいる教え子は渋谷駅で募金活動をやっています。というありがたく嬉しい連絡を入れてくれました。また東京の教え子たちは、同級生から集めたお金で支援物資を買い、車に積んで我が家に届けてくれた者もいました。

彼らは、「私たちにはこんなことしかできませんが、一緒にがんばりましょう」という言葉をかけてくれます。「こんなことしかできない」というこの謙虚な言葉が、なんと心地よく、温かく心に響いたことでしょう。

ラグビー界でも、日本協会をはじめ、ラグビーワールドカップ組織委員会、サンウルブス、トップリーグのチームが動いていただいていると聞き、支援の輪が全国に広がっていることを実感しました。感謝の気持ちでいっぱいです。

我々熊本は今回のこの震災を未来に生かすために、一度すべてをリセットし、新しいスタートを切ります。トップリーグ、ラグビーワールドカップ2019を通して元気に復興した姿を、国内はもとより世界中で支援していただいている方々にお見せする責務を負うことにもなりました。

「見ていてください元気になった熊本を、期待してください2019年のラグビーワールドカップを！」


5月15日の日曜日。本震から29日目。

あの日から約1カ月が経過し、静かな日曜日を迎えた。外では小鳥の鳴き声が聞こえている。ひと月前の上空を旋回するヘリコプターのエンジン音と救急車のサイレン、そして余震で眠れず迎えた朝とは大違いだ。

この1カ月、私の周囲での変化は、自宅の隣に、女房の両親と義姉夫婦、甥っ子家族の計七人が避難してきたこと。自宅には県外から来ている災害ボランティアの人たちが、入れ代わり立ち代わり宿泊していること。学校も始まり、避難所もある程度整理され、炊き出し等の多くのボランティアが役目を終えて帰っていったことなどだ。

（中略）

ラグビー関係者の支援としてフェイスブックを見たとスポーツライターの松瀬学さんが東京から

飛んできて、それをＹＡＨＯＯニュースとラグビーマガジンに投稿してくれた。（以下、４月22日にアップされたＹＡＨＯＯ！のコラム記事から）

熊本地震、「がんばるばい」

どしゃぶりの雨の中、強い余震が続く被災地、熊本を歩く。14日夜の「前震」からちょうど1週間たった21日。被害が甚大だった熊本県益城町の壊滅した家屋の惨状に呆然と立ち尽くしていると、案内してくれた熊本県ラグビー協会書記長（当時、現理事長）の野口光太郎さんが重いため息をつき、こう漏らした。

「こわいですよね。一夜にして、こうなってしまうんですから。我々、人間のチカラなんて無力に等しいですね」

野口さんは20数年、母校の九州学院高校のラグビー部の監督をやっていた。くしくも年齢も現役時代のポジション（プロップ）も僕と同じだ。遠目には精悍そうにみえるが、近くで見ると日焼けした顔にも深い疲労がにじんでいる。

野口さんは16日未明の「本震」の際、暗闇の中で肋骨を３本、折っていた。でも、痛みをおして、雨に濡れながら、益城町にある奥さんの実家の周りを一緒に歩いてくれた。

あちらこちらの壊れた家屋の前にはＡ４版の赤い紙がガムテープで貼ってあった。大きな黒字で「危険」と書かれている。小さい文字で「倒壊しています」や「崩壊の危険あり」などの文字も。命が助かった住民たちは近くの避難所に移っている。雨のせいもあるだろう、町には人気がなく、異様な静けさが広がっていた。

築年数が浅かった二階建ての実家の骨組みは無事だった。ただ室内は家具などが散乱し、足の踏み場もない混乱状態となっている。断水で電気も通っていない。片付けの手伝いにきた野口さんが言葉を足す。「また（地震が）くるんじゃないかという不安がある。昨日の夜もだいぶ、揺れましたから」と。

じつは野口さんは地震が起きたあと、フェイスブックに熊本県ラグビー協会書記長として、被災状況と「ＳＯＳ」を記していた。なぜ書いたのか、と聞けば、野口さんは「正直な気持ちを書いておけば、みんなわかってくれるんじゃないかと思ったんです」と言った。

「ラグビー協会のためでなく、〝熊本のため、支援してください〟って。いま、困っているのは、われわれラグビー関係者だけでなく、熊本や大分に住んでいるみんななのです。僕はこれまで、自分なりに人のため、あれこれやってきましたけれど、今回は、いろんな方に助けてもらおうと思ったのです」

ラグビー仲間はありがたい。かつてのラグビー部の教え子やラグビー関係者から、心配する連絡が次々と入り、支援物資なども届いているそうだ。

やはり、困っているときはお互いさまである。こういう時こそ、人と人の絆、人の思いやりがものをいう。ラグビー界やスポーツ界に限らず、被災地への支援の輪は確実に大きく広がっている。

もちろん、熊本には、国や全国各地から支援物資が続々、届けられている。水、食品、毛布、衣類……。自衛隊や他県の警察、機動隊なども災害支援のために熊本入りしている。野口さんは、災害支援のトラックの中に「東日本大震災のお返し　石巻市」「支援物資　南相馬」といった文字を見たとき、つい涙がでてきたそうだ。

「ずっと孤立していましたから、これだけの人が熊本に入っていると、僕としては、うれしいし、ありがたいし、元気を出さないといけないと思います」

熊本は、2019年のラグビーワールドカップ（RWC）の開催地である。試合会場となる『うまかな・よかなスタジアム』（熊本県総合運動公園陸上競技場）は目下、救援物資の集荷拠点となっている。野口さんと一緒に見に行けば、スタンドの通路のところに各地からの支援物資が山のように積まれ、自衛隊員やボランティアが忙しく仕分け作業にあたっていた。スタジアムの建物はこれから詳しく調査されることになる

RWCの試合会場となるスタジアムに駆けつけた野口光太郎氏

が、目立った亀裂や損傷は見当たらなかった。

熊本は観光客や交流人口の増加を図る上で、ＲＷＣを飛躍のチャンスと位置づけている。野口さんは「このチャンスを地震でつぶされたらたまらん。がんばるばい」と言葉に力を込めた。

熊本県ラグビー協会理事長（当時）の永野《なが の》昭敏《あきとし》さんも「負けんばいっ」と言った。

「この地震で、ひとつ大きいものを新たに背負った感じです。（ＲＷＣの時に）県外や世界からきた方々に、元気になった熊本をみてもらいたい」

まだまだ余震や避難生活、苦境が続きそうだ。こういう時こそ、ラグビーの底力、スポーツの底力を発揮する時である。義援金や支援物資、励ましのコトバ……。なんでもいい。まずは自分にできることをやる。

がんばるばい。みんなでスクラムを組みましょう。

サンウルブスの試合では募金活動がおこなわれたり、トップリーグのチームが炊き出しに来てくれたり、何が必要かとの問い合わせの電話や、支援物資をたくさん送っていただいた。他にも子供たちの心のケアとしてタグラグビー教室を開催してくれ、廣瀬俊朗選手、田中史朗選手　畠山健介《はたけやまけんすけ》選手など日本代表選手達もいち早く益城町に入り、小学生と遊んでくれた。

10カ月経った現在でも、サントリーやパナソニック、九州電力は小学校を回りタグラグビー教室を開いてくれている。「熊本の町の復興と、子供たちの成長をずっと見守りたいので、来なくていいと言われるまで支援を継続します」という、ありがたい言葉をいただいた。

我が家は女房と2人暮らしで、部屋が空いていることもあり、ボランティアに開放することに決めた、宿泊所兼宴会場兼銭湯だった。延べ100人以上の若者が利用してくれた。寝食を共にすることで、いろんな価値観を持った若者達、その生き方にとても共感を覚えた。

他人のために生きることで、人生の生きがいを感じている者、人に必要とされることで、自分の存在意義を見出している者、自分の仕事で誰かが喜んでくれることで、仕事に誇りを取り戻した者。そのような若者達の姿を見て、私も何のために生きているのか、何のために生きなければならないのかを考えるよい機会となった。

「どうして」「なんで熊本」「なんで益城が」「まさか」を考えないわけではなかったが、起こってしまったことを悔やむより、これからどうするかを考える方が大切で、今回の地震では失ったもの以上に得るものが多かったと感じている。ありきたりだが、人の輪、絆、日頃の親戚付き合い、それに近所の支え合い、それと助けて欲しいという声を上げる勇気がとても大切だということを強く感じた。

この地震で、ラグビーワールドカップを準備するための、多くの時間と労力を取られ、一時足踏み状態となった。しかし、この地震を経験することにより、ワールドカップに対する考え方が少しずつ自分の中で変化してきた。それまでは熊本で開催することによって、熊本のラグビー人口が増え、それが強化につながり、施設も整備され、球技場まで建設されるかもしれないという、あさはかな考えだった。

しかし、地震を経験し、復興に長い時間と多額の経費が掛かり、辞退もやむを得ないという状況の中、それでも開催させてもらえることに対して、ありがたいという感謝の気持ちとともに、開催することで熊本の復興に少しでも役立つことができるようにしなければと、考えが自分の中で少しずつ変化してきた。

熊本の人に笑顔と勇気、前向きに生きる力を少しでも与えることができ、経済効果をもたらすことで、復興というレガシーを残し、「大変だったけど、頑張って開催してよかった」と後で言えるように、郷土 熊本のために頑張りたいと思う。まだこれからも復興への道は長く続くが、前を見据えて地震前以上の創造的復興で新しくなった熊本の姿を、2019年のラグビーワールドカップで世界に発信しようと、今、頑張っている。

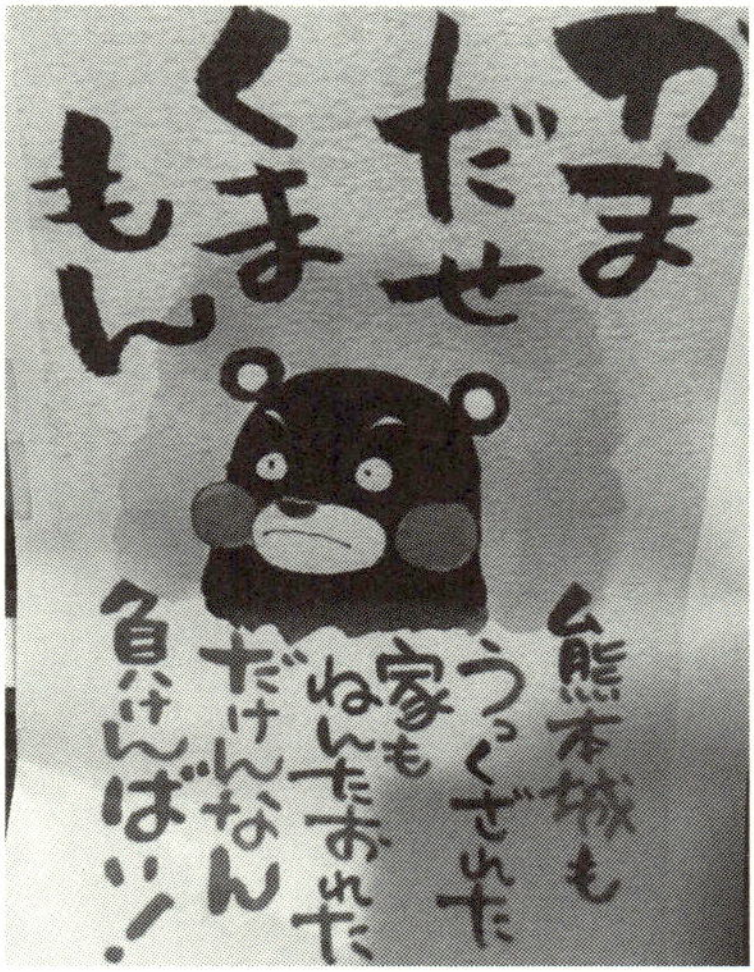

がまだせ（がんばれ）！　熊本の人々は震災を乗り越えていく（提供：野口光太郎氏）

2017年11月2日の金曜日。組み合わせ試合日程発表。

熊本は地震を経験したことで、未だ復興で大変な時期にあった。しかし、「201

9年に開かれるラグビーワールドカップと女子ハンドボール世界選手権を復興の1つのマイルストーンとしたい」という知事の言葉を受けて、こんなに大変な状況の中でも大会を開かせてもらえることに対する感謝の念と、開催するなら、少しでも熊本の復興に役に立ちたいという強い願いがあった。

その日は、熊本市中心街の花畑広場で組み合わせ試合日程発表のパブリックビューイングが開かれようとしていた。このパブリックビューイングはラグビーワールドカップとその後に行われる女子ハンドボール世界選手権を広報するイベントの一環で、横浜で開催されるラグビー日本代表対オーストラリア代表の試合も中継されることになっていた。

試合日程発表の会場に入ったら、最前列に熊本県の小野泰輔副知事と熊本市の大西一史市長、2列目に熊本県ラグビー協会会長の笠日出臣、副会長の岡村隆が座っていた。私と女房はその横に座り発表の瞬間を待った。組織委員会の嶋津昭事務総長の姿が大型スクリーンに映り、会場別に第1試合が発表された。

熊本は10月6日の日曜日、16時45分からフランス対トンガ戦。予定通りの日程で、しかも熊本が希望していたフランス戦。ほっと胸をなでおろした。それから日程順に12会場の試合が発表された。週の中日である10月8日か9日に第2試合目が入ることを天に祈ったが、熊本という名前は出てこず、10月13日の日曜日に第2試合のウェールズ対アメリカ地区第2代表（ウルグアイ）の試合が発表された。この時点で熊本の2試合が確定した。

ステージ上のホワイトボードは4試合組み合わせを書けるよう準備されていたが、それがとてもむなしく映った。私は「まさか……」という3度目の地震に見舞われたようなショックを受け、その場に座っておられず、席を立った。

そして会場の後方の人が少ない場所に移動し、深いため息をついた。同じ九州の福岡と大分の2会場のことも気になり改めて確認すると、福岡は3試合、大分5試合となっていた。

これまで実績づくりのために、無理をしてでもトップリーグを連続開催してきたこと、誘致のための署名活動についても組織委員会からやらないでくれと言われたので、じっと我慢してきたこと、五郎丸選手が来て1万8000人越えをしたトップリーグ（コカ・コーラ×ヤマハ発動機、2015年12月6日）とルーマニア戦（2017年6月10日）での苦労が次々に頭に浮かんできて、自分自身すぐには気持ちの整理がつかなかった。そっとその場を離れ、行きつけの串焼屋に行って女房とビールグラスを傾けながら、一旦心を落ち着け、遅くに家路についた。

私は自分の中で、2試合と決まったこの事実をポジティブにとらえるように、気持ちの整理をすることに専念した。

まず、2試合とも日曜日の夕方開催で、観戦客も集まりやすい。特に2試合目は3連休の中日で、熊本では「みずあかり」という、竹灯籠の中にろうそくの火が揺らめく、幻想的なお祭りがおこなわれる日でもある。祭りとの相乗効果で集客が期待できそうだ。また、チケット料金が2試合とも1万5000円以下で販売しやすい。フランスは次のラグビーワールドカップ開催国ということで、開催自治体や関係者の視察訪問も予想される。

思いつくままにメリットをあげていると、熊本はある面恵まれていると思うようになり、この2試合は熊本の身の丈に合っていると思った。2試合なら、会場をすべて満杯にできるという自信も湧いてきた。


2019年7月10日の水曜日。

ラグビーワールドカップが迫ってきた。

最近街に出ると、多くの人から「いよいよですね」とよく声を掛けられる。チケットやアクセスに関する問い合わせも多くなってきた。新聞には熊本はラグビーワールドカップの2試合で経済効果98億円、続いて開催される女子ハンドボール世界選手権96試合で経済効果92億円と出ていた。合わせれば復興半ばの熊本にとってはかなりの経済効果を生むこととなる。

熊本地震直後に知事の言った「これまでの熊本に戻るのでなく、新しい熊本になる」「2019年ラグビーワールドカップを創造的復興のひとつのマイルストーンとして、頑張りましょう」という言葉で、ずいぶん熊本も変化してきた。

現在修復工事で閉鎖中の熊本城も大会前には見学通路を設置して、国内外の観光客に修復中の姿を見てもらうことに決定した。開幕直前には市の中心街に商業施設、バスターミナル、ホール、ホテル、シネマコンプレックス、マンションが入る地上15階建ての複合施設、桜町再開発ビルがオープンする。大会には間に合わないが、２０２１年にはＪＲアミュプラザの入る地上12階建ての熊本駅ビルもオープン、同じく空の玄関口である熊本空港が民営化され、新しいターミナルビルが建設されることも発表された。

ＪＲも延伸され、それまでバスで約1時間かかっていた空港と熊本駅の間が38分で結ばれるようになる。街中では英語表記のサインや、「ＦＲＥＥ Ｗ·ｉ·ｆ·ｉ」も設置され、熊本の町はまさに創造的復興を遂げようとしているのだ。

まちが発展するためにはきっかけや目標が必要だ。それがないと人は変わろうとか、動こうとはしない。ラグビーワールドカップやハンドボールという国際スポーツ大会を開催することで、市民や行政や商店街が世界に目を向け始めた。故郷の魅力を発信し、世界に認めてもらおうと、視野を広げて考え方を変えてきたのだ。

スポーツというのは大きく人の考え方を変えるエネルギーや魅力を持っている。地震で希望を失った人達に生きる希望や人生の目標、笑顔、感動を与え、なにより自分も頑張ろう、自ら立ち上がろうという力を与えてくれる。今回熊本は想定外の地震で一時は自信を失いかけたが、この大会を大きなきっかけとして1つにまとまることができた。スポーツっていいな、ラグビーっていいなと心底思う。

２０１０年9月、今は亡き岡本安博・熊本ラグビー協会会長の提案から始まったラグビーワールドカップ熊本開催である。

一滴の雫が湖面に落ちて、波紋を広げ、今では湖全体に広がろうとしている。跳ね返りの波で消えそうになったことも何度かあった。その度に、「少しでもチャンスがあるなら一緒に頑張りましょう」と後押しされ、周囲の人達には「困ったことがあれば、いつでも言ってください、お手伝いしますから」と励まされ、今日を迎えている。

多くの関係者が自分の仕事とは別にラグビーワールドカップのために時間を割いて、力と知恵を結集してここまでやってこられた。熊本県ラグビー協会の理事長としてラグビーワールドカップに関わることができ、私は心底幸せ者だと思っている。

これから大会本番まで、まだ多くの課題が残されている。一つ一つ確実に克服し、被災した熊本の人たちがスタンドや、ファンゾーンのパブリックビューイングの前で立ち上がって「ウォー」という大歓声と拍手をして喜ぶ笑顔を見るために頑張っていきたいと思う。是非見ていてください、2019年創造的復興を遂げている熊本の姿を。

（のぐち・こうたろう）

第四章

ラグビーのチカラ

1　ノーサイド

ああ、愛しのノーサイド精神

ノーサイド精神というコトバをご存じか。ラグビーというスポーツの美徳のひとつ、試合後の敵味方なし、永遠の友情を示す文化のことである。

２０１５年、僕は南アフリカ（南ア）戦勝利の３日後の夜、ロンドンのパブで友だち２人とビールを飲んだ。店の奥のテーブルに座っていた。そのパブに大きなからだの南アのサポーター数人が入ってきた。みな、濃い緑色の南アのレプリカジャージを着こんでいた。

「まずい」。そう、思った。僕らは少し緊張した。南アのサポーターの敗戦ショックは想像に難くない。僕は目立たないように歩き、カウンター越しにビールのお代わりを注文した。が、南アのサポーターに見つかった。

「日本人か？」

「そうだよ」

短い英語のやりとりがあった。何事もなく、僕はビールグラス片手にテーブルに戻った。その５分後だった。緑色の南アジャージの２人が、３人分のビールを持って僕らのところにやってきた。

「勝利、オメデトウ」。このビールはおごりだって。これって、ノーサイド精神だとひとりごちたのだった。

余談ながら、僕が現役のころ、1980年代の秩父宮ラグビー場にはお風呂がひとつ、あった。両チームが試合後、一緒に風呂にはいって背中を流し合っていた。早慶戦のあと、1学年上の慶大のフッカーの背中のでかさに驚いた記憶がある。

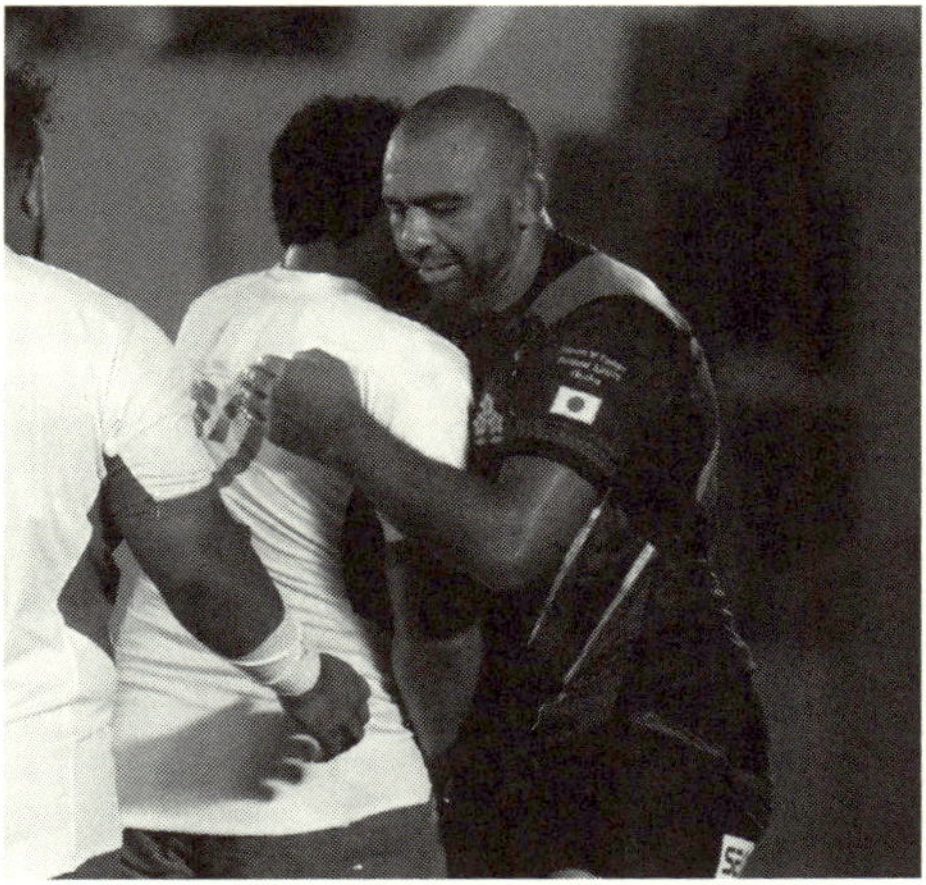

ノーサイド、敵味方はない。トンガ戦(2019年)後の日本代表のリーチ・マイケル主将

一緒にハダカで風呂にはいると、互いの距離がぐっと近くなる。〝勝負もお湯に流して〟といった趣だった。これまたノーサイド精神の表れだったのだろう。

実は、ノーサイド精神は日本で芽生え、世界のラグビー界に広がっていった。いわば我が国のラグビー文化を象徴する日本固有の文化でもある。欧米でいう「ホスピタリティ」に日本ならではの心遣いを加えて「おもてなし」というがごとく、英国の「ラグビースピリット」「リスペクト」「フレンドシップ」に日本ならではの謙虚さ、博愛を加えた精神が『ノーサイド精神』なのではないか。

本気で思う。子どもたちがラグビー文化に浸れば、もうイジメも仲間外れの〝ライン外し〟もなくなるのじゃないかって。

TEAM NO-SIDE

TEAM NO-SIDEとは、ラグビーワールドカップの公式ボランティアのチームの名称である。ラグビーワールドカップ2019組織委員会の嶋津昭事務総長は2018年春、ボランティア・プログラムの記者会見の席上、こう言った。

「ノーサイドという言葉は、ラグビー用語として定着している上、日本のラグビー文化の中に根付いている。そして、今の世で大切なダイバーシティー(多様性)の意味も含んでいます。ボランティア・チームには、日本ラグビーが大切に育んできたノーサイド精神を体現し、世界はひとつであることを発信してほしい」

僕はかつて、組織委員会の広報戦略長として、このボランティア・プログラムの名称づくりに関わった。僕らはボランティアの精神、東京オリンピック・パラリンピックとの差別化を図る上で、とくに『ノーサイド』という言葉にこだわった。

だって、日本のラグビー文化を象徴する言葉が『ノーサイド』であると信じているからだった。

ほら、ユーミンこと松任谷由実さんも『ノーサイド』というタイトルの歌を歌っていた。ラグビーのことを知らない人でも『ノーサイド』という言葉だけなら聞いたことがあるのではないか。

２０１８年春からラグビーワールドカップ日本大会の約1万人のボランティアの募集が始まった。ボランティア精神とノーサイド精神は似ている。組織委員会の人事企画部の中田宙志《なかたひろし》部長は漏らした。高校、大学とラグビー一筋の青春だった。

「ラグビーをやってきて、一番よかったと思うのは、ラグビーに関わっていたというだけで、垣根なく、誰とでもコミュニケーションができることです」

縁を大切にしてきた。千葉・市原市出身。目元には向上心と野心がにじむ。座右の銘が『自分に素直に』。

大学を卒業して三井物産に入社し、豪州メルボルンに2年間、駐在した。日本代表の堀江翔太選手のスーパーラグビーのメルボルン・レベルズ入りを知ると、「絶対仲良くなりたい」とツテを頼ってアタックした。２カ月間、堀江夫妻と一緒に暮らした。

帰国して、会社を離れ、ラグビーワールドカップ２０１９開催を知ると、もういてもたってもいられなくなった。組織委員会幹部に「働きたい」と直訴した。２０１５年6月から、組織委の〝頭脳〟となってきた。

両手の指をしきりに絡ませながら、熱い思いを吐露する。

「日本のスポーツボランティアの参加率は、他の先進国ほど高くありません。日本人が仕事だけでなく、いろんなコミュニティーに参加し、生活の質を上げるチャンスなんです。スポーツボランティアは豊かな国づくりに寄与するのです」

黒いハイネックのセーターにダークグレーのジャケット姿。東京オリンピック・パラリンピックのボランティアとの差別化を聞けば、「ノーサイド精神ですよ」と即答した。

「サイド（垣根）がないんです。いろんな人との出会いがある。それが人生の愉しみになるんです」

ノーサイドの由来

日本のラグビーでは試合終了のことをノーサイドと呼んでいる。海外のラグビーのごとく、「フルタイム」などと言うことはあまりない。では、ノーサイドって何なのだろう。

『広辞苑　第六版』（新村出編・岩波書店）をひくと、「ラグビーで、試合終了のこと。敵味方がなくなるとの意」と記されている。

実はラグビーでは試合終了後にアフターマッチファンクションという、試合のレフリーを交えた両チーム混合の簡単なパーティーをおこなう慣習がある。試合が終われば、みな仲間なのだ。ビールを酌み交わし、「敵味方なし」で交流するのである。

そもそも、試合中も、ラグビーのスタンドは応援するチームごとに固まってはいない。野球では1塁側スタンドがホームチーム、3塁側がビジターチームと別れている。サッカーでもゴール裏はチームごとに明確に座る場所が決まっており、Jリーグでもサポートを分ける透明な緩衝板が置かれているところもある。

かつて、驚いたことがある。２００２年のサッカーワールドカップで、札幌会場のイングランド×アルゼンチンを取材した。フォークランド紛争の影響、あるいは熱狂的なフーリガンが有名なこともあってか、試合の前後、札幌ドーム周りだけでなく、札幌の中心街の円山公園あたりでもサポーターの動線が分かれていた。大勢の警察官がケンカにならないよう、にらみをきかせていた。ラグビーではこんなことはまず、ない。

ラグビーは仲間づくりである。その象徴が『ノーサイド』である。スポーツ界全体が勝利至上主義の傾向を強める中、ラグビーは勝ち負けよりも大切なスポーツの価値を尊んでいる。「交流至上主義」と呼んでもいい。

もっとも英英辞書だと、「no side」は「full time（試合終了）」としか書かれていない。

海外の文献を調べると、１９７０年代、英国やニュージーランドで使われていた競技用語として試合終了を意味する『No side』はいくつか見ることができる。ただ、そこに「敵味方なし」との意味は含まれていない。

つまり、日本のラガープレーヤーが大事にしているノーサイド精神、「敵味方なしの永遠の友情を培うラグビー文化」という概念は日本独自のものなのだろう。

そういえば、ラグビー専門誌『ラグビーマガジン』の２００８年1月号に、ノーサイドに関する興味深い記事が載っていた。当時のサントリーの清宮克幸監督（現日本ラグビー協会副会長）と、エディー・ジョーンズ氏（前日本代表ヘッドコーチ、現イングランド代表ヘッドコーチ）、ジョナ・ロムー氏（故人）、ジョージ・グレーガン氏との座談会だった。

ロムー氏が「ラグビーがユニークなのは激しく戦った相手とフィールド外で友情を結び、長く続くところでしょう」と述べたところ、清宮氏が「ノーサイド精神ですね」と反応した。すると、ロムー氏らはポカーンとし、ジョーンズ氏はこう、漏らしたと書かれている。

「初めて聞く言葉です」

ノーサイドは競技用語として伝来

スポーツは歴史である。歴史との邂逅はオモシロい。ラグビーが日本に伝わった（慶大にラグビーが持ち込まれた）のが、1899（明治32）年とされている。

じつは新渡戸稲造氏が海外において英文で『武士道』を発刊したのが、同じく1899年である。日本と欧米のスポーツ文化が交わりだし、だからこそ、日本ならではの文化が大事にされたのではないかと推察する。

ノーサイド精神は、武士道でいう「礼」や「仁」「義」に似ている。武士道を英語にした場合、「ノー・ブレス・オブリージュ」と訳される。これは、英国のパブリックスクールのエリート教育でもっとも大事にしている言葉である。

ノー・ブレス・オブリージュとは、恵まれた才能と環境に生まれた真のエリートは率先して社会への責任を果たす義務があるといわれている。かつてイギリスのオックスフォード大学の友が言っていた。パブリックスクールでは人格形成のためにラグビーをするのだ、と。

ラグビーをクラーク氏と一緒に慶大に伝えたとされる田中銀之助氏の曾孫の田中真一さんに電話をかけ、このノーサイドについて聞いてみたことがある。

「ひょっとして、あなたの曽祖父がノーサイドという言葉を日本に持ち込まれたのでは？」

「それは違うでしょ」

「でも慶大にはノーサイド精神の文化があるでしょ」

「ラグビー部はノーサイド精神を大事にしてきましたが、その文言が入った碑や文献は知りません」

２０１８年2月某日。秩父宮ラグビー場そばの日本青年館ビル６階にある組織委員会の会議室で会合が開かれ、ノーサイドの定義について意見交換がなされた。ラグビージャーナリストの村上晃一さんも出席してくれた。村上さんが言葉の由来を説明した。

ノーサイドという言葉は、日本ラグビー協会の第三代会長の香《か》山《やま》蕃《しげる》さん（１９６９年没、享年75）の著書『ラグビー・フットボール』（１９５０年発刊）にこう、用語の解釈として書かれている。

――「ノー・サイド／No-side とは試合終了を言う。The end of a match.」（巻末五）

香山さんは１９２４～25（大正13～14）年に英国に留学し、日本ラグビーをリードされた。『ノーサイド』という言葉で象徴されるラグビー文化も日本に持ち込んだ。

香山さんは著書の中で「ラグビー・フットボールほど、精神をやかましく言う競技はない」と書き、自己犠牲、自制心などの言葉を使って「ラグビースピリット」を説明している。ラグビーは激しいスポーツだからこそ、自制心が必要で、自然に自己犠牲の精神が養成される、と。

ラグビー発祥のイングランドのパブリックスクールでは、国のリーダーを育てるために、スポーツによる人間教育が盛んにおこなわれた。中でもエリートが情熱を傾けたラグビーは、勝敗が決まったあとの振る舞いや品位を大切にした。そのイングランドでラグビーに没頭した香山さんが、ラグビースピリットを強調して日本に伝えたことは、ノーサイドという言葉がラグビー精神を表す言葉として日本で使われるようになったことに大きな影響を与えたに違いない。

ただ香山さんは著書の中で『ノーサイド』という言葉をラグビー文化の象徴とは位置づけていない。では、誰が、ノーサイドを敵味方なしという意味で使い始めたのか。

永遠の友情を結ぶノーサイド

香山さんの没後、香山さんと親交があったジャーナリストの池口康雄さんが『近代ラグビー百年～香山蕃追悼』（1981年刊）を著した。この著書には、永遠の友情を示す意味での「ノーサイド精神」という言葉が数多く記載されている。古びた薄茶色のページをめくれば、「おわりに――永遠の友情を結ぶノーサイド」という見出しの最終章にぶつかる。

ラグビーでその友情を象徴する言葉としてあげられるのが、『ノーサイド』である。他のスポーツのように試合終了とかゲームセットという言葉を使わずに、『ノーサイド』、つまり試合が終われば敵味方のサイドがなくなって、お互いが友だちになるということを示しているのである。ラグビーはゲームが終わってから、また始まる。（３３０ページ）

また、香山の思い出話も引用されている。

「どんなに激しいゲームをやってもタイムアップの笛が鳴れば、手を握り合って健闘を祝し合い、シャワーをともに浴び、ビールとサンドウィッチのレセプションで語らい、歌を交歓する。勝敗にこだわりなく、いっしょに仲よく遊んでくれたとおたがいに感謝し合う。この気持ちはなんともいえぬ楽しいものだった」と、香山はよく昔の思い出を語ってくれた。（11ページ）

いい話だなあ。これだ、これ。これぞ、ノーサイド精神なのである。同じページにはこうも、書かれていた。

ラグビーを通し、きわめて楽しいフェアプレーとノーサイド精神を知らず知らずのうちに身に付けた。（11ページ）

つまるところ、香山さんが日本でいうノーサイドの文化を持ち込み、主に池口さんらジャーナリストが文章で明文化し、発展させていったのではないか。

英国やニュージーランドで使われていた競技用語の『ノーサイド』とは似て非なるもの、日本では、「敵味方なしの永遠の友情を培うラグビー文化」の象徴として、独自のノーサイド精神が培われてきたことになる。

またノーサイド精神はボランティア精神と相通じるものがある。サイド（垣根）はない。いろんな人との出会いがある。それがやがて人生の愉しみになる。共通項は他人に対するリスペクトである。交流である。ラブである。

ああ尊きかな、ラグビー精神は。前出の「ラグビー・フットボール」の書き出しはこうだ。

如何なるスポーツといえども、精神のないスポーツはない。ラグビー・フットボール程精神をやかましく言う競技は少ない。（中略）従ってラグビー精神を知らずしてラガー・プレイは行えないのである。（1ページ）

ノーサイド精神を文化に。ボランティアをワールドカップのレガシーに。使命感が頭をもたげ、僕は『ノーサイド』と小さい声を発するのである。

2　ワン・フォア・オール

「ひたむき」とはラグビーにとっての美徳、「ピュアさ」は子どもたちにとっての美徳なのだろう。２０１９年2月。小学生によるミニラグビーの全国大会『第11回ヒーローズカップ決勝大会』を見て、つくづくそう感じた。負けて泣き、勝って泣く。大会を主催するＮＰＯ法人ヒーローズの林敏之会長は「沸き上がる感動をぜひ、体験してほしい」と言うのだった。

全国各地の予選大会には合わせて約２５０チームがエントリーした。２０１９年秋のラグビーワールドカップの決勝会場となる横浜国際総合競技場でおこなわれた決勝大会には、16チーム、小学校５、６年生の約５００人が参加した。気温10数度。大きな正面スタンドには子どもたちの親や応援団が詰めかけ、子どもたちが緑のハイブリッドの芝の上を駆けまわった。

「ヒーローズ！　ヒーローズ！」

「ナイス、タックル！」

「燃えろ、燃えろ、鬼のタックル！」

青空の広がる冬空の下、大歓声が寒風にのる。グラウンドには2つの試合ピッチ。そりゃ、スーパーラグビーのサンウルブズ戦や日本代表の試合とはスピード、パワー、スキルは違うが、ひたむきさは同じである。

決勝は大阪対決となった。東大阪KINDAIクラブラグビースクールが、枚方ラグビースクールに走り勝った。東大阪の141センチのSHのパスさばきはうまかった。敗れた枚方RSの子どもたち、コーチ、親たちは大粒の涙をぽろぽろっとこぼした。

試合は12分ハーフでおこなわれた。大会の基本ルールは2つ。①コーチは試合中、ピッチ外からの指示禁止、②「ワン・フォア・オール、オール・フォア・ワン精神」を遵守すること、である。だから、試合後、必ず、アフターマッチファンクションが実施された。ノーサイド精神でもある。試合後、勝っても、負けても、お互いの健闘を讃え合う。両チームのキャプテンが感謝の言葉を口にし、エールを交歓するのだった。勝ったチームは、負けた相手の悔しさも背負って戦っていった。引き分け抽選はつらかった。2日間で6試合が引き分け抽選となった。上のラウンドに進めるかどうか。悲喜こもごも。でも、これもまた、何かしらの学びとなるだろう。世の中、常に勝つものは少数である。人生、たいがいは勝ったり負けたりする。

出場選手全員が参加した表彰式。林会長は涙声でこう、子どもたちに語りかけた。

「この日産スタジアム（横浜国際総合競技場）で大会ができたことを本当にうれしく思います。選手のみなさん、エンジョイしてくれましたか」

NPO 法人ヒーローズの林敏之会長の口ぐせは
「子どもたちに沸き上がる感動を」

林会長は、かつて強烈なタックルや突進から、「壊し屋」と異名をとった日本代表の名ロックである。純朴、かつ感性のかたまり。

「ヒーローズカップという名前の意味は、ラグビーのヒーローだけじゃありません。やっぱりラグビーをやっている子は優しいよね。思いやりがあるよね。みんなのことが考えられるよね。そういってもらえる人になってもらいたいんです。この中から、たくさんの人生のヒーローが生まれてくることを心から祈っています」

大会は２００８年の第１回には近畿の32チームが参加した。回を重ねるごとに少しずつ参加チームが増え、今回は全国の約２５０チームが参加するまでになった。決勝大会は初めて関東、しかもラグビーワールドカップの決勝会場でおこなわれた。子どもたちにとっては宝物となるだろう、きっと。

優勝した東大阪ＫＩＮＤＡＩクラブの小学６年生徳山凌聖くんはこう、言った。

「ワールドカップの舞台でプレーできたことをうれしく思います。気持ちよかった。このメンバーでできたこともサイコーでした」

大会にはゲストとして、箕内拓郎《みうちたくろう》さんや小野澤宏時《おのざわひろとき》さん、大西将太郎さんら元日本代表も参加した。日本代表最多キャップを持つ大野均さんはまぶしそうに子どもたちを見つめながら、「みんな幸せでしょうね」と言った。

「これからラグビーを続ける続けないに関係なく、ワールドカップの決勝の舞台に実際、立ったという経験は将来、大きなものになるでしょう」

まさに沸き上がる感動である。ひたむきな子どもたちのプレーを見させてもらい、こちらは心が洗われた。涙に心が震えもした。願わくは、ラグビーを通して、こころ優しき、感性豊かな社会のヒーローが育つことを。

ラグビー日本代表のかがやき

２０１９年７月、ＴＢＳテレビでラグビードラマ『ノーサイド・ゲーム』が始まった。ほんもののラガーマンが多数、出演している。とくに輝いているのが、ラグビー日本代表の元キャプテンの廣瀬俊朗さんである。多彩な人だ。

こわいほどの熱演、目に力がある。初回の放送でこう、つぶやくシーンがあった。

「チームのため、仲間のため、死ぬ気で相手にぶつかっていく。それがラグビーだ」


チームとは生き物である。チームがひとつになるためには、どうしても欠かせない選手が存在する。2015年に開かれた、ラグビーワールドカップのイングランド大会。世界中のラグビーファンから「ワールドカップ最高の瞬間」といわれた、日本代表による強豪南アフリカからの劇的な勝利。大会直前、日本代表を率いたヘッドコーチ（HC）のエディー・ジョーンズはこう、言った。

「大きな舞台では、フィールド以外のリーダーシップも大事になるものです。そういった選手はたとえ、試合に出られなかったとしても、チームをサポートして、ハードワークを続けてくれる。彼は、そういった特別な選手のひとりです。チームの中で非常に重要な役割を担っています」

彼とは、廣瀬俊朗さんのことである。かつてはチームの中心選手だったが、2015年は代表戦の出場機会が減っていた。それでも廣瀬さんは2015年ワールドカップメンバーに選出された。SOやWTBなどができるユーティリティー選手という能力もあるが、チームリーダーとしての資質も無関係であるまい。

意外にも、初めてのワールドカップ出場であった。廣瀬さんは発表会見の席上、いつも通りの自然な感じで決意をこう、口にした。

「3年半前、エディーさんの横で記者会見したことを思い出していました。そのときから、このワ

ワン・フォア・オールの権化、元日本代表主将の廣瀬俊朗さん

ールドカップのためにやってきました。日本代表はずっと努力をしてきたので、その成果を出して、もっともっと、子どもたちが憧れるような素晴らしいチームにしていきたいと思います」

メンバー決定の知らせは既に受けていた。だからだろう、興奮や喜びは控えめだった。記者会見が終わる。真っ先に廣瀬さんを囲んだ。まず、心境を問えば、顔がパッと明るくなった。

「うれしいですね。ラグビー人生の中で一番の夢だったので」

大阪出身の33歳（当時）。北野高校から慶大に進み、東芝に入社した。ラグビーの発展をいつも意識している。誠実である。ラグビーという競技をリスペクトしている、献身的なチームプレーヤーである。つまり、模範的なラガーマンというわけだ。

2012年の日本代表の主将就任の時の話になった。なぜ廣瀬さんが主将に抜てきされたのかといえば、その前年の2011年の東日本大震災の日本代表×トップリーグ選抜のチャリティーマッチの試合前夜の出来事がきっかけだったそうだ。

その時、トップリーグ選抜主将の廣瀬さんはチームメイトを集め、靴磨きの道具を持ち出して、みんなでせっせとスパイクを磨いたのだった。なぜ。

「ひとつは、スパイクを磨くことで、試合の前の日だということを自分にインプットできる。ふたつ目は、試合前に相手と向き合って並んだとき、相手のスパイクより、自分たちのスパイクがめちゃくちゃきれいだったら、いい準備してきたと実感できる。自信が持てる。3つ目が、きれいなグラウンド、きれいなスパイクだと、子どもたちが憧れるでしょ。ものを大事にする感謝の気持ちもでてきます。それと、最後にそういう場を作りたかったんです。しょうもない話をしながら、一緒にスパイクを磨く。それが、チームに対する思いを強めたり、結束力を高めたりすることにつながります」

チームがひとつになることで、チームがぐんと強くなる。廣瀬さんはそれを理解している。だから、日本代表でもチームプレーヤーに徹する。

だれでも、おそらく選手であるなら、試合に出場したいに決まっているだろう。そう問えば、

「もちろんです」と廣瀬さんは笑顔で即答した。

「もちろん出たいですけど、出られなくても、次の役割がある。いや、両方大事でしょ。僕の今の一番の夢は、このチームが勝つことなんです。出るための努力、チームが勝つための努力の両方をやっていきたい」

ジョーンズHCからの信頼は絶大である。ここから日本代表の戦力が大幅アップすることはあり得ない。ただ、チームがひとつになることで、チームがぐんと強くなる。

廣瀬さんはそれを理解している。だから、チームプレーヤーに徹するつもりなのだ。

「このチームには3年半の蓄積がある。各選手から、チームへのロイヤリティ、チームへの思いがもっと出てくれば、すごくいいチームになると思うんです」

廣瀬さんがコトバを弾ませた。

「こう言っちゃなんだけど、(ワールドカップメンバーは)ごほうびみたいなものだと思うんです。ずっと頑張って、頑張って、最後に(ワールドカップメンバーに)選ばれた。だから、思いきり楽しみたい、すべてを。最高の仲間と最高の思い出をつくりたい」

なぜ、日本のロッカールームはきれいなのか

廣瀬さんは大会中に34歳になった。スタンドオフに加え、ウイングもできる万能型だが、戦力の充実もあって、ラグビーワールドカップではまだ1度も試合メンバーには入っていない。

「そりゃ、悔しいですよ。メンバーじゃないと告げられて、10秒ぐらい、クソッと思って、その部屋を出たら切り替えます。人前で嫌な顔は見せません。メンバーから外れても、(日本の勝利のため)次にやるべきことがありますから」

東芝の後輩となるリーチ・マイケル主将を陰で支え、チームのコミュニケーションの活性役とな

っている。練習では日本の対戦チームのキー選手役をすることも。サモア戦の前にはサモアのトゥシ・ピシ役に徹し、愛称トシは「トシ・ピシって呼ばれていました」と笑うのだった。

練習外では、モチベーションを上げるために試合前に映像を観ることを発案したり、チームメイトにさりげなくゴミ拾いを促したり。「ちっちゃいことが大事だと思うんです」という。実は試合後、日本代表の選手たちはロッカールームをきれいに掃除している。

2015年ラグビーワールドカップ歴史的勝利の南アフリカ戦のあとは数人だったのが、スコットランド戦ではノンメンバーの当時37歳の大野均選手が真っ先に掃除をし始めた。サモア戦ではほぼ全員の選手とスタッフが一緒にロッカー室を掃除した。廣瀬さんが説明する。

「自分たちが使ったロッカーは自分たちできれいにしようということです。僕たちは偉くもなんともない。感謝の気持ちを込めて、掃除をしよう。ちゃんと足元を見ようということですね」

「あらゆる面で（2015年日本代表）チームは成長したんじゃないですかね。一番はマインドセット（心構え）のところです」と廣瀬さんは言う。1次リーグの最終戦はアメリカ戦。最後の最後まで試合出場とチームの勝利を目指す。できる限りの準備をする。アメリカ戦に向けた練習再開の日、真っ先にグラウンドに飛び出したのは廣瀬さんとリーチだった。

メンバーから外されてもくさらない。「もう腹立つなあと思っても、次の役割は絶対、ある。全部、勉強なんです。人生において」。フルバックの五郎丸歩選手ばかりが脚光を浴びているが、こういった〝リアル・リーダー〟もまた、チームの躍進を支えているのである。

最後。もう一度「楽しいですか？」と聞いた。「楽しいですよ」と廣瀬さんは笑顔で繰り返した。

「楽しむしかないでしょ。どんな状況になっても、楽しいことってあるんですよ」

廣瀬さんは会うたび、いい顔つきになっていく。タフになった。日本代表は歴史を塗り替えた。

人と機を得て、日本ラグビーが大きく変わる。

3　リスペクト

選手へのリスペクト

つらい会見だった。２０１８年5月22日、東京・日本記者クラブで開かれた日本大学アメリカンフットボール部の宮川泰介選手の記者会見である。無数のフラッシュがたかれる中、黒いスーツ姿の20歳は深々と頭を下げた。

会見場には約３００人のメディアが押し掛けていた。それほどまでに社会問題となった悪質プレーだが、いち学生が顔と名前を出して登壇せざるをえないとは。日大の対応のまずさはともかく、大学におけるスポーツ指導に携わる人のあり方が問われることにもなった。

「ご自身にとって、監督、コーチに信頼はありましたか?」と問われると、宮川選手は数秒の沈黙のあと、言葉を絞り出した。

「井上（奨）コーチに関しては、自分が高校2年生の時から監督をやっていただいていたので、その頃から信頼はしていたのかもしれないです。内田（正人）監督については、そもそも、お話をする機会が本当にないので、信頼関係……というものは、わからないです」

宮川選手は5月6日の関西学院大との定期戦で、関学大の選手に悪質なタックルをし負傷退場させた。自身も反則行為で退場させられた。直後、テントの中で声を上げて泣いていた姿をみた井上コーチから、「〝優しすぎるところがダメなんだ。相手に悪いと思ったんやろ〟と責められました」と明かした。常軌を逸したコーチの言動である。

問題の試合から、２週間余が過ぎている。日大、およびアメフト部は会見を開いていない。会見で配布された「本日の記者会見の趣旨と、開くに至った経緯」によると、「大学の対応が遅いこと、部としての事情の聞き取りの予定がないことから、記者会見を決意」したと記されている。

宮川選手はなぜ違反タックルをしたのか、その状況を真摯に説明した。「やる気がない」として、定期戦の３日前に練習から外されたこと。コーチから、試合出場と引き換えに「相手を潰せ」と言われたこと。定期戦の当日、試合のメンバー表に名前はなく、監督に「相手のＱＢを潰しにいくんで使ってください」と伝えたこと……。

監督、コーチから突然、プレッシャーをかけられ始め、宮川選手は精神的に追いつめられて悩んでいた。問題の核心。なぜ、悪質プレーの指示を拒否しなかったのか。「あの時、あなたに違反行為をしないという選択肢は？」と質問されると、「なかった」と答えた。

それを拒否したらどうなっていたと考えますか？

「どうなっていたかは、はっきりはわからないですが、今後、ずっと練習に出られない、そういう状況にはなりたくなかった、という気持ちです」

試合や練習に出られなくなる。そういう状況に追い込まれた二十歳の学生の心中は察して余りある。

監督はどういう存在だったのか。

「（学生の）『日本代表には行くな』と言われても、『なぜですか』と意見を言えるような関係ではなかったと思います」

それだけコワい存在だったということですか、と聞かれると、「はい」と小声で答えた。

ここにコミュニケーションも信頼関係も、ない。強いカリスマ性とスパルタ指導で黄金時代を築いた故・篠竹幹夫監督の流れを汲む62歳（当時）の内田監督。絶対的な存在で、学生に対してのリスペクトが欠如していたのだろう。

大西鐵之祐「無功徳〜見返りを求めない愛」

僕が大学時代にラグビーの指導を受けた故・大西鐵之祐先生は、日本代表も率いられた大監督でありながら、学生をリスペクトされていた。僕らは先生の愛情を感じていた。

戦争体験を持つ大西先生は自身の指導哲学を著した『闘争の倫理——スポーツの本源を問う』にこう、書かれている。

〈何かアンフェアな行動をする前に、「ちょっと待てよ」とブレーキをかけることのできるような人間にする、そういう教育が重要ではないかと考えるのである〉

〈私がスポーツにおける闘争を教育上一番重要視するのは、例えばラグビーで今この敵の頭を蹴っ

偉大な大西鐵之祐氏
ラグビーマガジン追悼号（1995年12月号）の表紙

ていったならば勝てるというような場合、ちょっと待て、それはきたないことだ、と二律背反の心の葛藤を自分でコントロールできること、これがスポーツの最高の教育的価値ではないかと考えるからである〉

大西先生はコーチにもっとも必要な資質を問われ、こうおっしゃっていた。

「そこにいる人間を愛する能力だ」

大西先生の座右の銘は『無功徳』だった。戦争体験に由来している。大西先生は１９４５年８月15日の終戦の日。茶毘に付した何人かの戦友を供養するため、般若心経の写経を始めた。その時、大西先生を訪ねてきたのが、僧侶出身の中尉だった。〈以下、教育を語るエッセー集『だんわしつ』昭和63年〉

「副官、何をやっとるんだ?」

「写経だ」

「お前、わかっておるのか」

「わからないから書いておるのだ。それじゃ、お前に聞く。般若心経の心は？」
「無償の愛、償いを求めざるを心、これを無功徳ともいう」
「うまいことをいうの。敗けた敗けた」

見返りを求めないラブ。これはもう天性であろう。学生をリスペクトする。相手チームも競技そのものもリスペクトする。そういった意味では、日大アメフト部の内田監督は指導者失格だったのではないか。

人間力野球

学生スポーツとは何か。あくまで大学は教育機関である。スポーツを通した人格形成、人づくりが最優先されなければならない。だが日本のスポーツ界には、強圧的で理不尽な指導、あるいは古い体育会系気質が根強くはびこってきた。この体質が、暴力事件を生み出してきた。今回の日大アメフト部の一件も、指導陣によるパワハラという犯罪ではないかと考える。

学生スポーツは本来、学生の自主を促し、自己コントロールをどうやっていくかの訓練の場である。なにより、人づくりに主眼をおくべきであろう。ラグビーでいえば、大学選手権9連覇の帝京大の岩出雅之監督はいつも、人間教育を念頭に置いてきた。

岩出監督は以前、こう言っていた。

「優勝することが頂上じゃないと思うんです。学生の人生を考えたら、これから20代、30代と積み上げていくことになる。未来につながるものを積み上げていく機会として、ラグビーがあり、出会いがあると思うんです」

岩出監督は学生とのコミュニケーションをことのほか、大事にする。部の体質を変えるため、上級生が、そうじや食事当番などの仕事をするようにした。上級生が下級生の見本となり、下級生が上級生をリスペクトする。指導者と学生も。いわば「リスペクトの文化」だろう。

帝京大ラグビー部に限らない。日本体育大学の野球部もまた、これまでの体育会の常識を覆すチームづくり、『体育会イノベーション』に取り組んできた。野球部の古城隆利監督は、大学の先輩にあたる岩出監督からも学び、ここでも学生とのコミュニケーションを重視し、上級生に雑務を担当させている。

２０１７年11月には、37年ぶりに大学日本一に輝いた。古城監督はこう、言っている。

「人間力野球というテーマで、人間力を持った人になりなさいと指導しています」

だからチームの最低限のルールを守らない選手は、試合では使わない。上級生は下級生の面倒を見、互いのリスペクトを大事にしている。指導者と学生の距離は近い。

大学の野球場のフェンスには青い垂れ幕が懸けられている。白字でこう、書かれている。

〈人間力野球～勝つにふさわしい選手、チームになって勝つ〉

話を冒頭の日大アメフト部の宮川選手の記者会見に戻す。高校時代、アメフトが大好きだった二十歳は、大学に入ってあまり好きではなくなったと打ち明けた。

アメフトは？

「もちろん、アメリカンフットボールを今後、僕が続けていく権利はないと思いますし……。まあ、この先、アメリカンフットボールをやるつもりもありません」

なんたる不幸。彼は誤った指導に走った監督、コーチ、および教育的側面を忘れた運動部の犠牲者なのである。（注：宮川選手は18年10月、チームの練習に復帰した）

ダン・カーター「リスペクトを得ないといけない」

２０１８年9月、世界的なラグビーの大スターが日本にやってきた。２０１５年ラグビーワールドカップ（ＲＷＣ）イングランド大会で2連覇に貢献したニュージーランド代表（愛称オールブラックス）のダン・カーターである。

その年の秋、神戸製鋼のスタンドオフとしてトップリーグデビューを果たし、秩父宮ラグビー場に詰めかけた1万８０００人のファンを魅了した。

オールブラックスの称号、やはりダテではない。36歳（当時）とはいえ、精度の高い安定したプレーでサントリーを翻弄し、チームに勝利をもたらした。1トライ2ゴール4ペナルティゴールの計21点を挙げ、「マン・オブ・ザ・マッチ」にも選ばれた。カーターはこう、漏らした。

「マン・オブ・ザ・マッチはどの選手がなってもおかしくなかった。チームメイトに感謝の気持ちを伝えたい」

英雄は会見で「ハードワーク」という言葉を何度も口にし、こう続けた。

「新しい国、新しいチームに入ると、自分のプレーをもう一度、最初から懸命にする必要があります。まずはチームメイトからのリスペクトを得ないといけません。そう思って、ハードワークをしています」

チームメイトからのリスペクト、いいコトバである。〝同僚からのリスペクト〟と置き換えてもいい。カーターは神鋼を変えつつある。戦力としてもだが、チームのマインドセット（心構え）、練習態度、規律の部分でも。

記者会見には、ざっと100人のメディアが詰めかけた。テレビカメラも6台並んだ。カーターは「テストマッチ（国別代表戦）の記者会見みたいですね」と表情を崩した。

「記者のみなさんの仕事は、ラグビーの情報を多くの方に伝えることだと思います。ラグビーワールドカップまで12カ月しかありません。ぜひとも、いろんな情報をみなさんにどんどん伝えていってください」

カーターは日本ラグビーの盛り上げにもトライしているのである。

リスペクトを心に抱きて。

4　フェアプレー

宮原英臣（元日本ラグビー協会ルール委員長）

レフリーに関する一考察

レフリーとアンパイア

ラグビーでは審判員をレフリー（レフェリー）と呼びますが、野球の審判・アンパイアとは何が違うのか、英語でRefereeとUmpireの違いは何？　ときかれることがあります。

諸説ありますが、例えばUmpireは所定の位置で動かずに判定するが、Refereeは動きながら判定する、Umpireは反則がどうかの白黒を判定するが、Refereeは反則でどちらに有利になったかを判定する、Umpireの語源は古フランス語で〝片寄らない、同じでない〟＝第三者、というものですが、Refereeの語源は〝Refer＝委ねる・託す〟にee（された）が付いたものなどがあります。

アメリカンフットボールやホッケーなど、レフリーとアンパイアの両方はいる競技もあります。ちなみに、アメリカンフットボールでは、レフリーは試合（Game）の統括に責任を持ち、アンパイアは反則がないか選手を統括する、とされているそうです。

国際マッチで笛を吹く平林泰三レフリー
（提供：平林氏）

その中で僕が好きな説は、スポーツの発祥と歴史の違いによるというものです。そもそもラグビーは、ラグビーを愛する紳士達が集まって二つのグループ（味方側と相手側、「側」＝サイド）に分かれて（試合が終わったら1つに戻る＝ノーサイド）、自分たちが決めたルール（Laws of the Game）でゲームをするので反則かどうかは自分たちが判定し、意見が分かれたらキャプテン同士が話をして決めていた、というのが原型と言われます。

しかしキャプテンも人の子、互いに勝負にこだわってくると自分のチームに有利になるような判断をしたがるようになってくるので、互いの利害を仲裁するために、ゲームやルールを熟知した有識者に仲裁を委ねようということでReferee（委ねられた者）につながったとされます。なお、フランス語ではレフリーではなくアービトレ（Arbitre）と称しますが、英語の仲裁する（arbitrate）と同義です。

レフリーこそがフェアの象徴

ラグビーは紳士のスポーツ、選手同士がフェアにルール（Laws of the Game）を守ってプレーすれば試合は成立するものとはいえ、80分間は紳士のスーツを脱いで野獣の皮をまとって戦う30人なので争いごとが起きることがある、その時の仲裁を両チームから依頼されたのがレフリーなので判定に関する全権を委任されている、ということです。

単に反則かどうかの判定ではなく、それがフェアプレーの精神に則っているか、また反則によって不当な利益を得ていないか、公平な判断を委ねられているのがレフリーです。フェアプレーの精神は両チームの選手の心中にありますが、プレーがルール（Laws of the Game）から逸脱することはあります。その時に、チーム力の強弱や人気の度合い、あるいは選手の名前やキャリアに惑わされることなく、公平に判断することが求められます。レフリーこそがフェアー（公平）の象徴でなくてはならないのです。

ちなみに、司法・裁判の公正さの象徴とされている正義の女神、ギリシャ神話の女神テミス（ローマ神話ではユースティティア Justitia となり、正義：Justice の語源とされる）の像は、左手に正邪を測る天秤を持ち、右手に正義を執行する剣を持っていますが、顔には目隠しをしています。目隠しは女神の前に立つ裁かれる者の顔を見ないこと、すなわち法（Laws）は権力の有無や貧富に関わらず万人に等しく適用されることを示します。

ＲＷＣはレフリングのショーケース。

世界のトップ20カ国が集まるラグビーワールドカップ（ＲＷＣ）では、レフリーもワールドラグビー（ＷＲ：World Rugby）によって選抜された各国のトップレフリーが集まります。ＷＲが発表した２０１９ＲＷＣ大会のレフリーは12名、ＡＲ（アシスタントレフリー）が7名、ＴＭＯ（テレビジョンマッチレフリー）が４名です。

12名のレフリーはフランスから4名、イングランドから2名、ニュージーランド（ＮＺ）から2名、オーストラリアから2名、ウェールズから1名、南アフリカ（南ア）から1名となっています。ティア1と称される伝統的強豪8カ国のうち、アイルランド、スコットランドのレフリーが1名も選ばれなかったことは少し驚きです。ＡＲはイングランド2名（うち1名はリザーブレフリー）、アイルランド、ＮＺ、アルゼンチン、フランスそして日本（久保修平《くぼしゅうへい》氏）が各1名です。

世界中のレフリーにとってＲＷＣの大舞台で笛を吹くことは夢であり大きな目標です。これらの12名をＷＲはメリットベース（実力主義）で選抜したと説明していますが、実際にはどういうことかというと、前回のＲＷＣ２０１５から4年間、テストマッチ（国別代表戦）を担当したレフリーを厳格な基準で評価をし、また世界各地にいるセレクターが候補者のテストマッチでのレフリングを実際に見た上で、選抜しています。

その結果、12名のレフリーが担当したテストマッチの累計総数は４５７（1人平均38テストマッチ）、7名のＡＲがＡＲをおこなったテストマッチ累計総数は１３０（1人平均19テストマッチ）となっています。まさに国際試合を多数経験している世界のトップレフリー達が日本に集まってくるので、ワールドクラスの試合をワールドクラスのレフリー達がどう裁くか、これも4年に1度の見ものです。

RWCでの各試合のレフリーとARの割り当てがどうなるかも見どころです。実は暗黙の序列があります。まず予選各プールの中での強豪国（ランキングの高い国）同士の試合は、実力が認められている評価の高いレフリーが担当し、ランキングの低い国同士またはランキングに差がある試合は、評価がまだ比較的低いレフリーに割り当てられます。また、各試合のARも、レフリーがARを務めることもありますし、AR1（第1アシスタントレフリー）の方がAR2（第2アシスタントレフリー）よりも序列としては上に置かれます。

かといって評価の高いレフリーも安心できません。予選プールの全試合はWRセレクター達が目を光らせて評価しており、その出来次第で、決勝トーナメントのレフリー担当が決まるからです。RWC決勝の試合のレフリーこそが世界のベストレフリーの証ですから、頂点を目指してレフリー達も競っています。

代表選考同様、レフリーにも熾烈な争いが

2000年に世界主要協会のレフリー運営責任者が集合する国際会議に僕が出席した際に、NZ協会のレフリー委員長であったキース・ローレンス氏は「残念ながらわが協会のレフリーがRWC

決勝を担当することはない」と誇らしげに語っていました。つまり、NZ代表はいつも決勝に出るからだ、ということです。他協会のレフリー委員長は鼻白んでいましたが、逆に言えば日本のレフリーはチャンスありだなと思いました。

ちなみに、上述のようにWRがメリットベースでテストマッチを通じてレフリー選抜することは、実は日本のレフリーには大きなハンデです。強豪8カ国は北半球のシックスネイションズ、南半球のラグビーチャンピオンシップというランキング上位同士の試合が毎年あるので、強豪8カ国のレフリーにとっては評価対象となるテストマッチが数多くあることになります。一方、日本のレフリーには、そのようなテストマッチの機会が少ないために、WRのセレクターの目に留まる機会は当然少なくなります。

今回、久保レフリーがARに選ばれましたが、次回以降のRWCに日本のレフリーがARまたはレフリーに選ばれるには、まず強豪国のテストマッチのレフリー割り当てを獲得することから始まります。グラウンドの上でのレフリングの評価を得る前に、まずその土俵に上らないことには何もできません。ではどうやってテストマッチのレフリー割り当てを獲得するのか、そこには当該協会同士の水面下での交渉があります。

例えば、南ア代表が日本に遠征して日本代表とテストマッチをおこなう際に、NZ協会のレフリーを招聘したとします。表向きはテストマッチの割り当てはWRが決めていますが、ホストは日本協会ですから、テストマッチを組む事前の段階で、NZ協会にレフリー招聘を内々に打診します。

その際に、今回はウチの試合（日本協会ホスト）にNZレフリーを呼ぶから、次にNZ協会ホストの試合がある時には日本レフリーを呼んでくれよ、といわば貸し借り取引をするわけです。

そのためには、日本協会のレフリー責任者が各国協会のレフリー責任者と信頼関係を築いておくことが必要ですので、ビールを飲みながら冗談を言い合えることはもちろんのこと、普段からの情報交換や公私にわたる交流も欠かせません。レフリーも個人の力でRWCに参加するのではなく、数年間にわたる様々な協会を挙げてのバックアップの結果として、国の代表として参加できるのです。久保レフリーの活躍を期待します。

エディ曰く、「タイゾーはファンタスティックだ！」

RWC2015で日本代表を裏から支えた〝タイゾー〟こと平林泰三《ひらばやしたいぞう》レフリーについて、エディ・ジョーンズ氏はRWCから帰国後の外国人記者クラブでの会見において「Taizo is fantastic」と最大の賛辞を述べていました。

タイゾーはエディ・ジャパンをどのように支えていたのか。実は〝予言の書〟の他にも、長期間の代表合宿に帯同して、練習の際に国際水準のレフリングをチームに提供することで、RWCへの準備を支えていました。練習の中でゲーム形式を取り入れるのはどこのチームでもやっていることですが、そこに仮想国際レフリーを呼んできてRWC本番同様のレフリングを体験し、選手たちが国際水準のレフリングに慣れておくようにするために、タイゾーがエディ・ジョーンズ氏のご指名で代表合宿に帯同していたことはあまり知られていません。

ここでシンプルな疑問です。なぜタイゾーだったのか、その鍵は彼のラグビー経歴にあります。宮崎ラグビースクールで5歳からラグビーを始め、宮崎産業経営大学1年の時にC級レフリー資格を取得。大学2年の時に豪州・ブリスベーンに留学し、豪州のトップクラブの1つであるGPSクラブでSHとしてプレーし、7人制（セブンス）の州代表に相当するポトルーズ（カンガルーやワラビーよりもさらに小さいネズミカンガルーの呼び名）にも選抜されてセブンス国際大会にも出場しました。

豪州でレフリー資格を取得後に帰国し、2005年に日本初のフルタイムレフリーとなり、06年には31歳で史上最年少のA級資格を取得しています。豪州でのラグビー経験から、国際水準でのゲームの理解と経験もあり、加えて語学力も国際水準になっていました。そこに目を付けたエディ・ジョーンズ氏の目論見は、代表合宿の練習中に国際水準でのレフリングをしてもらうことに加えて、レフリー・コール（反則を未然に防ぐためにレフリーが声をかける）も、ジャパングリッシュ（日本人英語）ではない外国人レフリーのコールをおこなってもらい選手たちがそれに慣れること、また、代表チームにいる外国人選手には即座に英語で説明して納得させること等にありました。

タイゾーは見事にそれらに応えてくれたわけです。おかげで、エディ・ジャパンの合宿中に、ゲーム形式での練習は国際水準のレフリング環境でおこなうことができました。万全の準備をおこなうための重要な要素の1つが国際水準のレフリングに備えることであり、それができたのもタイゾーのおかげだったことが「Taizo is fantastic」の賛辞になりました。

レフリーのクオリティと代表チームの力は比例

前述のキース・ローレンス氏は、NZではこれまでのレフリーとプレーヤー達がレフリングをめぐって対峙するような構図を改めて、レフリーもプレーヤーも、NZラグビーを強くするという同じ方向を見るようにした、と述べていました。

当時からNZを始めラグビー強豪国ではレフリーを育ててレフリング水準を上げることは、ゲームの質を上げて自国のラグビーを強くするために必要であるとの認識がありました。それが結果的に、RWCに出場する強豪国からRWCの試合を担当するレフリーが選ばれていることにつながっています。

日本代表が国際舞台で活躍するためにも、レフリーの育成とレフリングの水準向上は欠かせません。そのためにも、海外でのラグビーや生活を経験したグローバル人材が、日本のレフリー界にも求められ

エディー・ジャパンをサポートした平林泰三レフリー
（提供：平林氏）

ます。実際、高校生や大学生でＮＺに渡り、現地でレフリー資格を取得している若い人材も出てきています。その中から、第２、第３のタイゾーが出てくることを期待しましょう。もちろん、メディアが発達した時代ですので、国内在住のレフリーでも、海外の試合をたくさん見ることで国際水準のレフリングを身につけることはできます。

日本代表がＲＷＣの決勝に進出するのと、日本人のレフリーがＲＷＣ決勝戦の笛を吹くのとどちらが早いか、楽しみに応援しましょう。

（みやはら・ひでおみ）

5　レガシー

レガシー、この言葉を最近よく、耳にする。以前はあまり好きではなかった。〝レガシー、レガシー、オカシー〟なんてうそぶいていた。

歴史を紐解けば、これはギリシャ語の「レガタス」が語源で、キリスト教を布教するための宣教師を意味していた。布教する際、生活様式や文化も伝えていたとされる。つまり、新しいものを残すというか、遺産ということなのである。

では、ラグビーワールドカップのレガシーって何だろう。そんなことを考えながら、2018年11月3日の文化の日、東京は味の素スタジアムに行ったのだった。このスタジアムでは、ワールドカップの開幕戦が予定されている。日本がロシアと対戦する。どうしたって、ワールドカップに思いをはせてしまう。また、2020年東京オリンピックでは7人制ラグビーの会場にも予定されている。

この日の試合は、リポビタンDチャレンジカップ2018、日本代表×ニュージーランド代表の黄金カードだった。好天に恵まれ、観客は2004年の実数発表以来、日本代表戦で最多の4万3751人が詰めかけた。ここの収容人数は約5万だから、ほぼ満杯といってもいい。

いい雰囲気だった。この日来場者にプレゼントされた「ＢＲＡＶＥ　ＢＬＯＳＳＯＭＳタオルマフラー」でスタンドは赤く染まっていた。大一番前のワクワク感、ソワソワ感があり、売店をのぞけば、１杯７００円の生ビールが飛ぶように売れていた。缶ビールが６００円。

ついでにいえば、この日限定のオリジナルデザインの赤色の「リユースカップ」も売られていた。洗って何度も使える記念品である。１個３００円。ビールは我慢し、カップを３つも購入してしまった。

ゲートに回れば、荷物チェックを待つ観客の長い列ができていた。京王線飛田給駅からは人でごった返していた。通常歩いて10分足らずの距離がざっと30分かかった。ワールドカップ本番では、観戦客誘導が課題となるだろう。

さて、ぼちぼち試合が始まる。スタンドに入れば、ちょうど選手の入場が始まるところだった。防衛大学の儀仗隊が選手を囲むようにして静かに入ってきた。防衛大学ラグビー部の学生が、国旗、およびビッグフラッグの掲示支援をおこなっている。国歌斉唱時にも儀仗があった。

おごそかな空気が流れる。日本ラグビー協会の山本巧理事（防衛大学校教授）はしみじみと言った。

「防衛大学の学生が参加することによって、テストマッチの威厳を高めることができればうれしいと思っています。いわば試合が『動』なら、式典は『静』。これって、ラグビーらしさではないでしょうか」

直後、舞台は反転する。緑の芝生の上で、黒色ジャージの群れが三角形をつくり、雄たけびをあげる。戦いの前のニュージーランド代表オールブラックスの伝統の儀式「ハカ」。剥いた目で舌を出す。

おっと。赤白の横じまジャージの日本代表も目を見開き、ずるずると前に出ていった。闘志とプライドがぶつかる。大観衆がどよめいた。

日本代表は敗れながらも、過去5戦全敗で計4トライだったニュージーランドから5トライを奪った。評価はともかく、5トライもまた日本にとってレガシーであろう。

個人的に、いいなあ、と感じたのは、ハーフタイムのゲスト紹介だった。突如、大型電光掲示板のビジョンにモノクロの映像が浮かび上がった。日本ラグビー史の金字塔、1968（昭和43）年、日本代表がニュージーランドに遠征し、敵地でオールブラックス・ジュニアを23―19で破った時の記録映像だった。

続けて、メインスタンドの一角が大映しになった。その時の遠征メンバーである親睦団体『桜とシダの会』の坂田好弘さん（関西ラグビー協会会長）ほか、山口良治《やまぐちよしはる》さんらの懐かしい姿だった。会場のあちこちから拍手が沸き起こった。

今回のまとめ役、水谷眞さん（関東ラグビー協会会長）は「メンバーみんなを集めるのは大変だったよ」と苦笑した。「でも、こういうのって、うれしいね。いずれ、ジャパン（日本代表）に貢献した人への席ができたらいいなって思うよ」

歴史に対するリスペクト、これもまた、無形のレガシーのひとつといってもよい。テストマッチには日本ラグビー界のリーダーが集まってくる。いろんな人と言葉を交わす。この日のメインテーマは日本代表、そしてワールドカップだった。だれもがワールドカップの成功を祈っている。ま、成功の定義は人それぞれだけれども。

RWC2019のレガシーとして
ラグビー文化を日本に

スーパーラグビーのサンウルブズを運営するジャパンエスアールの会長（当時）、上野裕一さんと話をすると、いつも気づかされることがある。上野さんはこの日、ほぼ満員のスタンドを見ながら、「ラグビーワールドカップ以降のことを考えなくてはならない」と漏らした。

「すごく感じているのは、２０１９年まではこの盛り上がりでいきますけど、そのあとがどうなるんだろうということです。むしろ２０２０年以降が日本ラグビーにとって勝負なんです。祭り（ワールドカップ）が終わったあと、こういった風景がつくれますか、ということです」

つまりは10年後に向けたラグビー界の戦略づくりだろう。強化のプログラムや体制にしても、プロ化にしても、ラグビー普及・振興策にしても……。トップリーグのあり方をふくめ、既にプランは練られ、つくられようとしているのだが。

もちろん、新設の釜石鵜住居復興スタジアム、大幅改修の熊谷ラグビー場、花園ラグビー場などは有形のレガシーとなる。

同じく大事なのが、無形のレガシーづくりだろう。ワールドカップをきっかけに日本ラグビーはどう変わるのか、あるいはラグビー人気をどう定着させるのか、競技人口、ラグビーファンの拡大は。

そういえば、サン・テグジュペリの『星の王子さま』の一節にこう、ある。

〈ほんとうに大切なものは目に見えない〉

これって、大切なものは心で見ろ！　という意味だろう。

無形のレガシーも。

子どもたちの宝物のような経験もいつかレガシーに

薫風に子どもたちの歓声が乗る。楕円球が転がる。日本のチームが、ニュージーランド、イングランドの子どもたちが綺麗なハイブリッド芝の上を駆け回った。

２０１９年、狂喜の〝10連休〟となったゴールデンウィーク前の横浜国際総合競技場である。ラグビーワールドカップの決勝会場で、世界6カ国の12歳以下の少年による『こどもラグビーワールドフェスティバル』が開かれた。ＮＰＯ法人ヒーローズの林敏之さんの3年がかりの準備が実った

ワン・フォア・オール。チームのために。
ラグビーワールドフェスティバル2019から

ものだが、これもワールドカップが日本で開催されるからなのだ。

ご承知、林さんは日本ラグビーのレジェンド。僕のひと学年上だから、もう59歳になる。トレードマークの口ひげにも白いものが混じるようになった。でも、いつまでもラグビー少年の心を持ち、「沸き上がる感動を」と口にしている。アツい、アツいラガーマンなのだ。

なぜ、子どもを対象とした交流イベントを企画するのかというと、ラグビーで受けた「恩」のお返しだと説明する。次世代への「恩送り」だと。おそらく、子どもたちにとって、この日産スタジアムでの経験は宝物になるだろう。異文化に触れ、違う国の子どもと友情が芽生え、ラグビーを満喫したのだった。

ダイマルさんこと林さんは、グラウンドの少年たちをまぶしそうに見つめながら言った。

「僕自身が、海外に出ていった時の感動を忘れられずにラグビーを続けてきたんだ。ま、恩送りをしているわけさ。ワールドカップの決勝の舞台でプレーできるのは貴重な体験だと思うしね。宿舎も食事も一緒で、いろんな交流があって。そう、友だちになるんだ」

グラウンドのあちらこちらでは、子どもたちの真剣勝負が展開されていた。勝っては笑い、負けて泣く。けがした少年が担架で運び出される時は、両チームの子どもたちが担架のそばに並び、手をたたいていた。

ラグビーの崇高な美徳のひとつ、リスペクト精神だった。「よくやった」「がんばってくれて、ありがとう」「グッド・ジョブ（お疲れ様）」。そんな思いを込めた拍手だろう。ちょっぴり感動的なシーンだった。

こちらも日本代表のレジェンド、大野均選手もイベントの応援に駆けつけていた。この場面を思い出し、「両チームが健闘を讃え合う、リスペクトの精神でしょう」と漏らした。「子どもたちの一生の思い出ですよね、きっと」と続ける。

「リスペクトはラグビーワールドカップにも共通しているでしょ。言葉が通じなくても、ラグビーで体をぶつけあって、アフターマッチファンクションもやって、お互いのエールを交換する。こういう年代でそんな経験ができるってすごく大きいと思います。それも、ワールドカップの決勝の舞台ですよ」

試合後、グラウンドで簡単なアフターマッチファンクションが実施された。これまたラグビーならではのノーサイド精神である。勝っても、負けても、お互いの健闘を讃え合う。両チームのキャプテンが相手に感謝の言葉を口にし、最後にはエールを交歓するのだった。

大会は、三菱地所グループの協賛を受け、４日間の日程で開かれた。日本など６カ国から、約２

００人の子どもたちが参加した。ラグビーの試合だけでなく、ラグビークリニック、文化交流もおこなわれた。

日本チームはニュージーランドに大敗した。日本の少年はむせび泣きしていた。彼らはこの悔しさを胸に精進し、将来、日本代表になって、このラグビー大国に雪辱を果たす。そんなことが起きないとも限らない。期待が膨らむ。

余談をいえば、スタジアムには僕がかつて早明戦で戦った明大同期の藤田剛《ふじたつよし》さんも来ていた。往年の名フッカー。昔話に花が咲いた。笑った、笑った。それにしても、お互い、学生時代のスクラムの一つひとつをよく覚えているものだ。

もうひとり、懐かしい青年に出くわした。ブラジルはリオデジャネイロ五輪のラグビー会場において、上半身ハダカで応援していた服部貴紀《はっとりたかのり》さん。愛嬌がある。あの忍者ハットリくんのような元気者である。

34歳。会社を辞めて、青年海外協力隊のラグビー隊員として、タンザニア、キルギスなどで指導してきた。今回は、インドネシアのチームのコーチをしていた。

このエネルギーは何だろう。「ラグビーを通じて世界中の子どもたちを笑顔にしたい」と真顔で言う。大阪大学大学院にも通っている。いつも楽しそうに見える。大事にしている言葉は何かと聞いてみたら、笑顔で即答した。大声だった。

「エンジョイ！」

スタンドを歩けば、カラフルなジャージ姿の各国の選手たちに交じって、横浜市のスポーツ統括室長の西山雄二さんに出会った。僕がラグビーワールドカップ組織委員会広報戦略長をしていた時にお世話になっていた人だ。温厚、実直、誠実。「これだけの国の子どもたちが（横浜に）来てくれて、うれしいですね」と顔をほころばせた。

「子どもたちがラグビーをさらに好きになる。また日本や横浜を好きになって、ニュージーランドやオーストラリアに帰っていく。子どもたちのお父さん、お母さんも横浜を好きになってくれれば、また横浜に来てくれます。スポーツから国際交流が生まれるのです」

この大会がラグビーワールドカップのレガシーとして、２０２０年以降も毎年、開催されていくのか。現実的な話をすれば、それは神奈川県や横浜市の支援、さらにはスポンサー企業の多寡にかかっている。つまりは、大会の社会貢献、国際貢献という神聖な使命をどこまで評価してくれるのか、だろう。

西山さんは「横浜としては、自治体として何を残していけるのか、これが大事です」と言った。「まずは安全で安心できる大会を迎えられるのかが基本です。ホスピタリティをしっかり発揮して、街の装飾なども施し、日本からラグビー文化を世界に発信していければいいなと思います」

令和元年。令和は〝平和を世界に広げる〟との意である。ラグビーを通し、横浜から国際交流を促し、平和建設に寄与し、和らぐ未来をつくっていくのだ。

盛況だった秩父宮みなとラグビーまつり（2019年）の体験コーナー

秩父宮みなとラグビーまつり

また、晴れた。ことしも『秩父宮みなとラグビーまつり』の季節がやってきた。２０１９年6月の日曜日。ラグビーの聖地、東京都港区の秩父宮ラグビー場の周辺がお祭り広場と化した。

「にぎやかすぎて、あとで警察におこられないかなって心配ですよ」。このお祭りイベントの推進役の黒崎ゆういちさんは笑いながら、冗談口調で漏らした。地元港区の区議会議員、42歳。明治大学時代はラグビー部のプロップとしてスクラムをごりごり押した。

情熱と行動力の人である。9月開幕のラグビーワールドカップに向け、地元を盛り上げたいと考え、２０１７年、このイベントを立ち上げた。

「いかにスポーツ振興を地域振興につなげるのか。それを、ラグビーではできると確信していました。僕らが一生懸命、訴えれば、地域の人々を巻き込んでいける。聖地でスクラムを組むことができるんです」

東京メトロの外苑前駅から秩父宮ラグビー場までの約200メートルのスタジアム通りの大半が〝ホコ天（歩行者天国）〟となった。通常だと、5メートルほどの幅の歩道がイッキに広がった。注意深くみれば、歩道の隅っこのマンホールのフタの図柄はキレイなブルーとグリーンのラグビーワールドカップ2019のロゴマークである。

秩父宮ラグビー場の入口付近に特設ステージが設置され、元日本代表の今泉清《いまいずみきよし》さんや人気アイドルグループらのトークショーが催された。「ラグビー体験コーナー」もあり、とくにラインアウト体験は子どもたちの人気を集めていた。

道端にはずらりと出店が並ぶ。焼き鳥、たこ焼き、厚切りハムカツ、煮込み、チヂミ、焼きそば……。う～ん。日本人には醤油の焦げるにおいがたまらない。もちろん、生ビールも。

出店のほか、ラグビーワールドカップの開催自治体や各国大使館関係のブースも並んだ。ラグビー王国ニュージーランドのブースでは、ニュージーランド産のワインもコップで販売されていた。真っ黒のオールブラックス・ジャージ姿のスタッフが説明する。

「もっとニュージーランドの存在を知ってもらいたいんです。ニュージーランドの一番の売り物はラグビー、2番目がワイン。ラグビー界では有名だけど、それ以外の人たちにはまだまだ知られていませんから」

ラグビー場では、スーパーラグビーのサンウルブズ×ブランビーズの試合がおこなわれた。2017年がサントリー×ワラターズ、2018年はサントリー×ブランビーズがメインゲームとなっていた。高いレベルのラグビーの試合を楽しみ、お祭り気分も味わえる、ラグビー好きにとっては至福の時間となった。

お祭りエリアは、人、人、人であふれかえっていた。隣の神宮球場で大学野球の早慶戦もあったため、もうひっちゃかめっちゃかとなった。イベント関係者によると、来場者数は過去最多の約4万7000人を記録した。

黒崎さんは午前中の準備段階から、お祭りエリアを行ったり来たりして忙しかった。人混みを眺めながら、「ワールドカップイヤーのことし盛り上がらなかったら、いつ盛り上がるんだ！」と声を張り上げる。

「スポーツをまちづくりにどうつなげていくか、なんです。道路が止まって、晴れれば、こういう祭りができるんです。ラグビー場周辺が、住む人、働く人、訪れる人、学ぶ人、遊ぶ人、みんなが一体となれる拠点になれるんです。いいでしょ、この居心地のいい空間」

黒崎さんと話し込めば、ほら、これ、これ、とスマートフォンの画像を取り出した。香川県の高松丸亀町のアーケード商店街の写真だった。

「これなら、雨が降っても祭りをできます。（港区には）秩父宮ラグビー場も神宮球場もあるので、人が集まってくるけど、通り過ぎる場所になっています。立ち止まって、空間を楽しんでもらいたいんです」

秩父宮みなとラグビー祭りの継続と、人々が一緒になって楽しめる環境づくり。これまた、ラグビーワールドカップのレガシーとなり得るのだろう。

いよいよ9月20日に「ラグビーワールドカップ２０１９」日本大会が開幕する。ラグビー界最大のイベントが日本で開かれるのは初めてだから、ぜひ生の試合を観て、ラグビーの面白さを知ってほしいと思う。特に子どもたちに観てほしい。きっと何か感じるものがあるだろう。

現在、全国12の開催都市では、さまざまなイベントを仕掛けるなど努力をしている。ワールドカップで地域を盛り上げるポイントは２つ。街中を装飾するシティードレッシングとお祭り広場のようなファンゾーンに力を入れることだ。

それ以外にも、開催地では知恵を絞って独自の仕掛けをつくっている。ワールドカップはゴールではなく、あくまでも中間点。大会の後が大事で、そこにどうつなげていくかを各開催地は重視している。

ラグビーとワイナリーの融合

例えば岩手県釜石市。大会後は国内のラグビーチームのキャンプ地にしようと考えている。その一環として取り組んでいるのが釜石鵜住居復興スタジアムの「ワールドスポーツワイナリー＆ツーリズム」プロジェクトだ。スタジアムの周りにブドウ園を造り、ワインを醸造して提供。ラグビーとワイナリーを融合する試みが始まった。

ちなみに、ビールは盛岡の工場から取り寄せる。ラグビーファンは、ビールとワインが大好きなのだ。海外のラグビーファンにとって、日本のラグビータウンといえば釜石である。その釜石が、ワールドカップを契機に、国内外から人の集まる街づくりを目指している。

埼玉県熊谷市は、昔からラグビーの聖地にしようと頑張っている街だ。今回は開催地になったことで、ラグビータウン熊谷のスローガンとして「スクマム！　クマガヤ」をつくった。「スクマム」とはスクラムと熊谷を組み合わせた造語。行政と商工会、民間企業が協力して、埼玉ラグビーフェスティバルやマラソン大会などのイベントを頻繁に開いている。

また、ワールドカップに向けて、開催地以外でもユニークな試みで地域を盛り上げようとしているところがある。

スコットランドチームの事前キャンプ地になった長崎市では、コーラス隊を編成して『フラワー・オブ・スコットランド』を練習している。この歌は、スコットランドの非公式国歌で、ラグビーの試合では必ず歌う伝統がある。

ラグビーファンはこの歌を聴くと涙が出る、そんな魂をゆさぶる歌だ。さらに、選手たちに長崎の平和祈念館などを見学してもらい、そこで彼らに千羽鶴を贈るプランもあたためている。スコットランドとの友好を深めて、ワールドカップを平和の大会にしたいというのが長崎の人たちの願いなのだ。

僕は、２０１５年のワールドカップイングランド大会で感動的なシーンに出会った。日本チーム

ラグビーは子どもたちをいち早く大人にしてくれる

のキャンプ地・ウォリックでのこと。練習の最終日、２００人ほどの小中高一貫の学校の子どもたちが見学に来てくれた。

そのとき彼らは、グラウンドの周りでずっと「ジャパン、ジャパン」と声を嗄らして応援してくれたのだ。選手たちは大変感激した。その体験は、子どもたちにとっても財産になったことだろう。ラグビーワールドカップでも、日本の各地でそんな光景が見られればいいと思う。

今度のワールドカップには、海外のファン40万人が訪日するといわれてる。彼らは日本のいろんな土地で試合を観て、あちこちで交流する。日本の人たちも、海外からのラグビーファンと一緒になるケースが増えるだろう。その時に、みんな友達だというラグビーならではの雰囲気、ワールドカップならではの楽しさを味わってほしいものだ。

スポーツの国際大会が盛り上がる要素は３つある。それは、①天候に恵まれること、②開催国の活躍、③ボランティアの働きだ。今大会では、日本代表の活躍で盛り上げてほしいし、スタジアムが一体となって楽しむ日本独特の応援文化をつくるきっかけにしてほしい。

そして、なにより大切なのは、ワールドカップが終わったあとの地域のレガシー（遺産）を、みんなでつくることなのだ。

あとがき

邂逅こそ、人生の宝である。人との交わりが人生を彩り、豊かにしてくれる。ラグビーを通し、縁が結びつくことで、運がまわってくる。運があるからこそ、さらに良き縁に恵まれるのだ。スポーツ、とくにラグビーによって、僕は生かされてきた。多くの知人、友人にも恵まれた。ラグビー会場に行けば、懐かしい人に「あれ、マツセさん」と声をかけられることもある。

序章に書いた通り、２０１９年7月27日、僕は東北のちいさな街、岩手県釜石市に行った。ラグビーのテストマッチ、日本代表×フィジー代表を取材するためだった。元内閣総理大臣の森喜朗さんの話を聞くためだった。

試合後、取材を終え、スタジアムから帰る途中、ある人にバッタリ、会った。懐しい、はにかむような笑み。元新日鐵釜石ラグビー部でプレーしていた佐藤大輔《さとうだいすけ》さんだった。数年前の夏、早稲田大大学院の論文研究の質的調査（インタビュー調査）を通して、知り会った。元気な長男がいた。当時、小学6年生の蓮晟《れんせい》くんだった。

親子そろっての人懐っこい笑顔が印象的で、不思議な人間の大きさを感じさせる少年だった。ラグビーが大好きな少年だった。彼はラグビーの魅力、ラグビーの持つ価値を愛していた。他者へのリスペクト、犠牲的精神、フェアネス、団結、インテグリティ……。

彼とラグビーワールドカップのことを話したこともある。蓮晟くんは言った。

「新しいスタジアムはどんな人でも楽しめる場所になればいいなと思う。プレーする人にとっても、観戦する人にとっても、気持ちいい環境であってほしい。ラグビーだけじゃなく、サッカーなど、ほかのいろんなスポーツの人と一緒に何かをすれば、盛り上がるような気がするんだ」

蓮晟くんは小学1年生の時、ラグビーを始めた。地元の釜石シーウェイブスジュニアでがんばり、チームの中心選手として活躍した。ラグビーを通して友だちをいっぱいつくった。

２０１１年東日本大震災では友だちを亡くした。悲しい別離、喪失感。それでも、やさしく、たくましく育っていった。12年、14年と、台湾の子どもたちとのラグビー交流にも参加した。「台わん遠せい」と題する当時の感想文にはこう、書いた。


〈台わんのラグビーチームの子どもたちと友だちをつくりました〉


蓮晟くんは友だちづくりの天才だった。なのに突然、病魔に襲われた。左足を切断。車いすで地元釜石の甲子中学に通った。ラグビー部はなかったため、友だちに誘われて野球部にはいった。一生懸命、練習を手伝い、スコアブックもつけた。生来の献身性もまた、ラグビーの美徳のひとつであろう。

２０１７年2月、蓮晟くんは天国に召された。まだ13歳だった。釜石での告別式においては、たくさんのラグビー仲間が駆けつけた。僕も参列した。日本選手権7連覇の偉業を達成した新日鐵釜石時代の坂下功正《さかしたこうせい》さん、その流れを汲む釜石シーウェイブスＯＢの森闘志也《もりとしや》さん、ラグビー元日本代表の畠山健介さん……。中学の同級生や釜石シーウェイブスジュニアのチームメイトの姿もあった。

ラグビーを愛した佐藤蓮晟くんの葬儀

喪主の父・佐藤大輔さんは涙声でこう、あいさつされた。会場からはすすり泣きの声が止まなかった。

「ラグビーとともに歩んだ13年間でした。蓮晟には本当に楽しい日々だったと思います。ここで開かれるラグビーワールドカップの観戦、そして自身でふたたびラグビーができることを夢見ていました」

話を戻す。２０１９年7月27日の日本代表戦の日、蓮晟くんのラグビーの指導をしていた釜石シーウェイブスゼネラルマネジャーの桜庭吉彦さんにも会った。スタンドで揺れる大漁旗。日本代表戦の熱気に触れて、桜庭さんはこう、漏らした。

「感激でしょう、感激。いろんなことがあったけれど、前にもっと進んでいきたいですね」

ラグビー選手にはいい男が多い、と思っている。２０１９年7月の某日。東京は新宿で、〝キンちゃん〟こと大野均さんとラグビー談議をさせてもらった。

キンちゃんは福島の高校時代、甲子園と縁のない野球部で補欠だったけれど、無名の大学ラグビー部で楕円球に触れ、フォワードとして花開いた。日本代表として歴代1位の98試合も国と国とのテストマッチに出場した。

41歳。座右の銘が『灰になってもまだ燃える』、好きな言葉は『ノー・ペイン、ノー・ゲイン（痛みなくして前進なし）』。

「これ、まさにラグビーだなって。ラグビーはボールを前に運ばないといけないのに、パスは後ろにしかしてはいけない。ボールを持っているとタックルされる。それでも前に進まないといけない。仲間のために一歩でも前に進むことで、周りを助けることができるんです」

なるほど、勇気を試されるスポーツ、我慢や犠牲的精神が求められるスポーツなのだ。またラグビーは痛みを知ることもできる。

「ラグビーって、タックルされて自分が痛かったら、タックルしたほうも痛いんです。だから、相手の痛みも思いやれるようになる。そういうスポーツだと思うんです」

キンちゃんはラグビーワールドカップに3回、出場した。僕は２０１１年ニュージーランド大会の日本代表の最終戦、カナダと引き分けた試合のあとの深夜、宿舎そばのパブでキンちゃんにばったり会った。ビールを飲みながら、「キンちゃんにとってワールドカップとは?」と聞いた。

「男の4年間の生き様が試される場所です」

だから、その後の4年間、キンちゃんはグラウンド内外で鍛錬に励んだ。日本代表のエディー・ジョーンズヘッドコーチ(当時)の理不尽な猛練習にも耐えた。その結果、日本代表は2015年ラグビーワールドカップの初戦で南アフリカを破る番狂わせを演じたのだった。

キンちゃんはまだ、現役なのだ。趣味は「酒」。なぜ、ラグビーを。

「ラグビーが好きだから」


釜石での日本代表戦の翌日の2019年7月28日は実は、「ラグビーワールドカップ日本招致決定10周年記念日」だった。メディアはどこも触れず、また知っている人もそう、いないのでないか。少し寂しいではないか。

僕は幸運にも、ラグビーワールドカップの招致活動を断片的に取材してきた。ならば、その招致活動の顛末を記録しなければいけない。フウカさせてはいけないのだ。

書け。ある日、天命が自分の中に舞い降りた。酒ばかり飲まずに、「一生に一度!」のワールドカップの招致活動を記録せよ、と。

このワールドカップを機に日本のラグビー界が変わる。新しい日本ラグビーを創造する日本ラグビー協会の会長には〝シゲタカさん〟こと、森重隆さんが就いた。副会長には、抜群のアイデアと行動力の固まり、清宮克幸さんである。もうワクワクするじゃないの。

実はこの本は当初、別の出版社から出す計画だった。でも、出版社の事情から一度、頓挫した。出版をあきらめた。でも、やはり記録すべきとの思いが頭をもたげてきた。

実質、3カ月。熱病にうなされたようになりながら、招致活動の顛末をイッキに書きおろした。ラグビーの持つ魅力などについては、過去の自分の原稿をいくつか参考にした。そのまま引用した部分もある。ラグビーワールドカップ回顧では、以前、ラグビーマガジン誌に書いたものをまとめ、転載した。

被災地復興の章については、やはり当事者にしかわからない部分を読者に伝えたく、釜石在住の増田久士さん、熊本在住の野口光太郎さんに原稿執筆をお願いした。ふたりとも快諾してくれた。日本代表の話も、サンケイスポーツを退社されたばかりのラグビーライター、吉田宏さんが男気を出して引き受けてくれた。

Ｗｅｂスポルティーバ（集英社）に書いた五郎丸歩選手のインタビュー記事にはラグビーの本質があふれている。だから、この本に収めたいと言えば、五郎丸選手は気持ちよくＯＫしてくれた。ラグビーの価値のひとつ、フェアプレーの項は、日本ラグビー協会のルール委員長だった宮原英臣さんの話が興味深く、寄稿していただくことにした。また、フォトグラファーの齋藤龍太郎さんにも写真（クレジットのない写真は斎藤氏、松瀬が撮影）、記録でずいぶん、ご協力いただいた。

つまるところ、いろんな方に助けられての本である。触れればヤケドしそうな感じのラグビー熱の結晶である

みなさん、ありがとうございました。

松瀬　学

２０１９年7月28日

＊初出一覧

序章

「ラグビーはメディアだ」東京修猷会館友時評第31号二〇一九年一月一日

「ラ・ラ・ラグビー、世界のラグビーを楽しもう」〈エスクワイア〉二〇一九年五月三日

「初開催のラグビーW杯に見る夢」〈ニューズピックス〉二〇一七年一一月八日

「13歳のラグビー少年逝く」〈ＹＡＨＯＯ！　ＪＡＰＡＮコラム〉二〇一七年三月一日

第二章

1「ラグビーW杯、一生に一度の幕開け」〈ニューズピックス〉二〇一九年一月二日

2「広がる国際交流の輪――奥克彦記念杯」〈ＹＡＨＯＯ！　ＪＡＰＡＮコラム〉二〇一八年一一月二〇日

3「ラグビーW杯回顧」『ラグビーマガジン』ベースボール・マガジン社、二〇一一年五月号〜一〇月号

「新しい歴史を創れ！の結実」『ＡＪＰＳマガジン』一般社団法人日本スポーツプレス協会、二〇一六年

4「五郎丸が語る南ア戦勝利」（前編・後編）〈Ｗｅｂスポルティーバ〉集英社、二〇一九年四月二七日、二八日

第四章

1「ノーサイド精神をレガシーに」『ラグビーマガジン』ベースボール・マガジン社、二〇一八年四月号

「ノーサイド精神は日本固有の文化」『スポーツゴジラ』スポーツネットワークジャパン、第39号二〇一八年

2「ラグビーを通し沸き上がる感動を」〈ＹＡＨＯＯ！　ＪＡＰＡＮコラム〉二〇一九年二月二五日

「ラグビーW杯、廣瀬が日本代表に必要なワケ」〈ＹＡＨＯＯ！　ＪＡＰＡＮコラム〉二〇一五年九月一日

「W杯、なぜ日本ロッカー室は綺麗なのか」〈YAHOO!　JAPANコラム〉二〇一五年一〇月八日

3「日大アメフト事件。ラグビー大西先生の教えに思う」〈Webスポルティーバ〉集英社、二〇一八年五月二三日

5「レガシー、レガシー、レガシー」『ラグビーマガジン』ベースボール・マガジン社、W杯連載二〇一九年一月号

「子どもの宝物もレガシー!」『ラグビーマガジン』ベースボール・マガジン社、W杯連載二〇一九年七月号

「祭りだ、ワッショイ」『ラグビーマガジン』ベースボール・マガジン社、W杯連載二〇一九年八月号

＊主要参考文献

池井戸潤『ノーサイド・ゲーム』ダイヤモンド社、二〇一九年

笹川スポーツ財団『スポーツ歴史の検証　二〇一八年度版――日本のラグビーを支える人びと』笹川スポーツ財団、二〇一九年

香山蕃『ラグビー・フットボール』目黒書店、一九五〇年

池口康雄『近代ラグビー百年〜香山蕃追悼』ベースボール・マガジン社、一九八一年

図書文化　編『だんわしつ――教育を語るエッセイ集』図書文化社　一九八八年

大西鐵之祐先生を偲ぶ会『荒ぶる魂』主婦の友出版サービスセンター、一九九六年

松瀬学『なぜ東京五輪招致は成功したのか?』扶桑社新書、二〇一三年

松瀬 学（まつせ・まなぶ）
1960年、長崎県生まれ。福岡・修猷館高校、早稲田大学ではラグビー部に所属。83年、共同通信社に入社。運動部記者として、プロ野球、大相撲、オリンピックなどの取材を担当。96年から4年間はニューヨーク勤務。02年に同社退社後、ノンフィクション作家に。人物モノ、五輪モノを得意とする。RWCは1987年の第一回大会からすべての大会を取材。日本文藝家協会会員。元RWC組織委員会広報戦略長、現・日本体育大学准教授。著書は『汚れた金メダル――中国ドーピング疑惑を追う』（文藝春秋）『なぜ東京五輪招致は成功したのか』（扶桑社）、『東京農場――坂本多旦いのちの都づくり』（論創社）など多数。

ノーサイドに乾杯！――ラグビーのチカラを信じて

2019年 9月20日 初版第1刷発行
2019年10月 1日 初版第2刷発行

著　者　松瀬　学
発行者　森下紀夫
発行所　論 創 社
東京都千代田区神田神保町2-23　北井ビル（〒101-0051）
tel. 03（3264）5254　fax. 03（3264）5232　web. http://www.ronso.co.jp/
振替口座 00160-1-155266

装幀／宗利淳一
印刷・製本／中央精版印刷　組版／株式会社ダーツフィールド

ISBN978-4-8460-1872-6